THEORY AND PRACTICE
ON ENERGY CONSERVATION
AND EMISSION MITIGATION IN CHINA'S
IRON & STEEL INDUSTRY UNDER LOW
CARBON ECONOMY

低碳经济下
中国钢铁工业的节能减排
理论与实践

王晓蕾　著

武汉大学出版社

图书在版编目(CIP)数据

低碳经济下中国钢铁工业的节能减排理论与实践/王晓蕾著.—武汉：武汉大学出版社,2018.12
ISBN 978-7-307-12381-6

Ⅰ.低…　Ⅱ.王…　Ⅲ.钢铁工业—节能减排—研究—中国
Ⅳ.F426.31

中国版本图书馆 CIP 数据核字(2018)第 275613 号

责任编辑:陈　红　沈岑砚　　　责任校对:汪欣怡　　　整体设计:马　佳

出版发行：**武汉大学出版社**　(430072　武昌　珞珈山)
(电子邮箱：cbs22@ whu.edu.cn　网址：www.wdp. com.cn)
印刷:北京虎彩文化传播有限公司
开本:720×1000　1/16　印张:12.25　字数:174 千字　插页:1
版次:2018 年 12 月第 1 版　2018 年 12 月第 1 次印刷
ISBN 978-7-307-12381-6　定价:35.00 元

目　　录

第一章　引　　言

一、低碳经济的内涵和特征

低碳经济（low carbon economy）概念首次由英国政府在2003年发表的能源白皮书中提出，此后世界各国对低碳经济发展给予了极大的关注。目前对低碳经济较为主流的理解是指尽可能最小量排放温室气体的经济模式。具体而言，低碳经济就是为了实现公约的最终目标——“把大气中温室气体浓度稳定在防止全球气候系统受到威胁的人为干扰的水平上”，在保持经济增长的同时，减少温室气体排放。

低碳经济的碳排放量、生态环境代价及社会经济成本是最低的，是以改善地球生态系统自我调节能力为目标的可持续发展的新经济形态。低碳旨在市场机制的基础上，通过制度框架和政策措施的制定及创新，形成明确、稳定和长期的引导及鼓励，推动提高能效技术、节约能源技术、可再生能源技术和温室气体减排技术的开发和运用，促进整个社会经济朝向高能效、低能耗和低碳排放的模式转型。从技术经济特性来看，低碳经济实质上是提高能源效率和清洁能源结构的问题，核心是能源技术创新和制度创新。低碳经济是最大限度地减少煤炭和石油等高碳能源使用量的经济，建立以低能耗、低污染为基础的经济。

低碳经济主要有两种表现形式：一是低碳生产，二是低碳消费。

低碳生产是可持续的生产方式。低碳经济作为一种新型经济模式，与以往的高消耗、低效率和高排放的传统经济有本质上的区别。

主要体现在：工业方面，高效率的生产和能源利用；能源结构方面，可再生能源生产将占据相当高的比例；交通方面，使用高效燃料，低碳排放的交通工具、公共交通取代私人交通，并且更多地使用自行车和步行；建筑方面，办公建筑与家庭住房都采用高效节能材料以及节能建造方式。归根结底，都将是通过系统地调整体制从而激励节能技术创新、低排放技术应用、提高能源使用效率的结果。随着经济不断发展，逐步减少单位 GDP 的碳排放量，打破传统经济增长与温室气体排放总量之间的旧的高度相关关系，建立新的低碳生活环境和生活方式。

低碳消费是可持续的消费模式。低碳生活提倡与鼓励人们从自己的生活习惯做起，树立"关联型"节能环保意识，进而控制或者减少个人及设备的碳排量。比如，树立"节约用水，就是节约用电，就是减少二氧化碳排放"的理念；尽可能地减少或放弃一次性用品的使用；选择购买节约建筑材料、节能节电、建造和使用成本相对较低的小户型住房；购买与使用低油耗、低污染的小排量车；尽可能地减少用车量，以公共交通或自行车、步行替代；多用电话、电子邮件等即时通信工具，少用打印机和传真机；外出和休息时关闭电脑等。

目前，中国已成为世界最大的能源生产国和消费国，长期高能耗的经济增长模式带来了可持续发展问题和能源相关二氧化碳排放量（energy-related CO_2 emission，后文简称碳排放）大幅度增长。在低碳经济的大背景下，能源技术革命已经成为美欧等发达国家和地区的共识，包括中国在内的新兴国家也在投入巨大资本和热情推动能源技术革新，抢占新工业革命的制高点。推动能源革命，能源消费革命要先行，这是由中国庞大的能源消费总量及其日益严峻的环境压力决定的。虽然满足普遍能源需求仍是能源政策的目标，但追求"用更少的能源做更多的事"将成为中国政府能源政策的核心。换句话说，通过能源技术革命，提高能源使用效率、保持能源资源的可持续发展和降低环境污染将成为各能源消费部门面临的巨大挑战。

二、低碳经济对中国的影响

低碳经济对发展中的中国的挑战主要有四个方面。一是工业化、城市化、现代化不断加快推进，我国正处在能源需求快速增长阶段，大规模基础设施建设势在必行；长期贫困落后的中国，致力于改善和提高13亿人口的生活水平和生活质量，以全面建成小康社会为目标，使得能源消费持续增长。二是“富煤、少气、缺油”的资源条件，决定了中国以煤为主的能源结构，低碳能源资源的选择有限。三是中国经济的主体是第二产业，这决定了能源消费的主要部门是工业，而工业生产技术水平落后，又加重了中国经济的高碳特征。四是作为发展中国家，中国经济由“高碳”向“低碳”转变的最大制约是整体科技水平落后，技术研发能力有限。

但是，发展低碳经济对于中国而言，可能是机遇大于挑战。发达国家的能源效率已经很高了，能源结构也较为合理，要进行低碳经济转型，必须进一步提高新能源比例，成本非常高。而中国的能源利用率较低，从提高目前的能源利用率入手，就可以实现很大程度的减排。考虑到目前我国现在工业化、城市化还远未完成，经济处于资源、能源和环境严重约束的时期，而且发展经济和提高国民收入任务艰巨，因此以发展低碳经济为契机，可以促使经济发展与资源、能源脱钩，实现跨越式发展。

具体而言，中国发展低碳经济面临的挑战，主要有以下几点：

（1）发展阶段决定的经济和技术水平，对低碳经济发展造成很大的障碍。

从工业化国家经济发展与碳排放关系的历史演化规律看，一般需要先后经历碳排放强度、人均碳排放量和碳排放总量的3个倒U形的曲线，而不同的国家或地区碳排放高峰所对应的经济发展水平存在很大的差异，说明了经济发展与碳排放之间不存在单一的、精确的演变规律。中国工业化特有的集中发展特点，使得中国的能源需求问题和排放问题特别严重。发达国家的工业化过程，历时时间比较长，对能源的需求增长没有这么剧烈，而中国的工业化过程时间很集中，又处于能源危机浮现和排放压力增大的国际环境中。

作为最大的发展中国家，我国正处在工业化、城市化、现代化进程中，在未来相当长时间里我们仍然以发展为主，大规模的基础设施建设等社会经济发展态势已成必然，这些都对能源提出了巨大的需求，高碳气体排放的大量增加难以避免。中国的总体技术水平落后是制约中国经济低碳转型的最重要因素。中国的重点行业中落后工艺所占的比重仍然很高，我国的低碳技术开发和储备与发达国家相比不足。加上企业主动进行低碳技术与产品创新的意识较弱，会进一步造成碳排放下降的困难。

中国处于工业化阶段初期，尤其在发展电力的过程中，技术水平可能达不到国际最先进的水平。若巨额资金和高新技术难以落实，继续沿用传统技术建设投资，很可能产生“锁定效应”，被这些投资锁定。所谓锁定效应是指基础设施、机器设备等需要大量资金和高新技术支持的产业，一旦投入，其使用年限均在15~50年或更长，其间不能轻易放弃。如何在发展过程中避免锁定效应的束缚，也是低碳经济发展的一项紧迫而现实的任务。

（2）人口、能源与环境问题对中国的低碳转型构成巨大压力。

一方面，中国的人口问题使得中国成为一个具有成长潜力的巨大消费市场，庞大的基数使得资源相对稀缺，随之出现的各类生活污染物排放逐年增加。另一方面，中国的人口也存在结构问题，老龄化凸显，农村转移劳动力数量巨大。随着人均收入水平的提高，人均主要资源、能源消耗量将显著增加，并对我国的资源与环境产生巨大的压力。因此，人口和经济发展阶段两者共同推动中国的能源需求增长。IEA按“参考情景”预测的中国需求：中国2030年的一次能源需求至少将翻一番，一半的增长源于煤。煤炭为主要能源来源，不仅影响整个生产和技术的选择和效率，而且引起严重的环境污染。以煤为主的能源结构是我国能源战略的核心问题之一，也是迫不得已与世界发展趋势相悖的能源选择，并且在长时间内难以改变。这无疑给中国发展低碳经济以达到减排目标造成很大的压力。另外，中国的煤炭资源分布极不平衡，优质煤主要出自山西、陕西和内蒙古。每年的煤炭被运往东部和南部地区，其中大部分未经洗选，夹带很多的无效成分。而东部和南部地区是我国经济增长最迅速的地区，能源需求很大，但是本地的能源缺乏，且大多远离能源产地。能源的地区性结构问题，给中国发展低碳经济增加了很大的困难。

（3）应对气候变化的宏观能力和发展低碳经济的体制机制障碍。

我国应对气候变化的宏观管理能力一直很薄弱。1990 年我国设立了国务院环境保护委员会下的国际气候变化协调小组，1998 年更名为国家气候变化对策协调小组，小组转到国家发展计划委员会，一直承担相关的政府管理职能。鉴于中国节能减排形势的进一步恶化以及国际上减缓气候变化的压力，为切实加强应对气候变化和节能减排工作的领导，2007 年 6 月，中国政府决定成立国家应对气候变化及节能减排工作领导小组，作为国家应对气候变化和节能减排工作的议事协调机构。至 2008 年国务院机构改革，在国家发展和改革委员会设立气候变化司，负责组织拟定应对气候变化的重大战略、规划和政策，与有关部门共同牵头参加气候变化国际谈判，负责国家履行联合国气候变化框架公约的相关工作。由于国家应对气候变化的正式管理机构成立不久，而气候变化问题极其复杂、涉及面广、责任重大，一方面无论从人员配备还是宏观经济管理水平都存在不足，与其承担的责任和我国的大国地位很不相称；另一方面，我国应对气候变化的法律法规、战略规划、政策体系等都存在缺陷，甚至很多领域仍处于空白状态，急需在未来的发展中不断加强和改善。

中国的能源价格、财税政策及市场化改革相对滞后。在从计划经济向市场经济转型的国家，政府对属于基本需求的能源采取价格管制，对能源价格进行补贴，这在过渡期和存在大量低收入人群的条件下是可以理解的。但是，较低的能源价格的负面影响也是显而易见的，如对节能、技术进步和结构调整等不能形成正向的激励。在近年来国际市场煤炭、油价持续上涨的情况下，如果长时间大规模进行能源价格补贴，不仅与国家经济发展的客观要求相背离，而且还鼓励了能源过度消费或浪费。

社会转型和调整历来都是艰苦的，然而面对挑战的同时孕育着巨大的机遇。尽管低碳经济有不同的概念界定，但核心是强调低消耗、低排放和高产出的增长模式，关键是能源技术创新和制度创新。低碳经济的实践是中国发展的重要路径。对于中国而言，低碳经济不仅有助于改变产业结构、减少污染、改善经济增长与环境保护的关系，同时也有助于在应对气候变化的过程中提高国际竞争力。低碳经济为中国的环境与发展调整提供了机遇。

低碳产业是新的经济增长点，可以实现经济增长和减少排放的双赢局面。低碳经济本质上是能源技术创新和能源结构调整问题，推动低碳经济实践将意味着各类能源利用技术以及可再生能源的开发和利用，这种实践，毋庸置疑将有助于中国在环境制约下实现经济的快速发展，如节约能源、提高能源利用效率、调整能源结构以及改变增长方式和改变产业结构等。

通过激励低碳经济实践，有助于推进中国的技术创新过程，突破现在已有的和未来可能存在的技术和贸易壁垒。目前，鉴于减排温室气体的压力，主要发达国家都已经进行了大量的技术开发，面对这样的国际经济和技术格局，中国企业必须通过技术创新，改进和增强自身的核心竞争力，同时避免可能的技术和贸易壁垒对中国企业和经济发展的影响。如果中国不能尽快实现向包括低碳在内的发展方式转型，我们也同样面临不可持续的发展风险。例如，出口产品被征内涵碳排放的边境调节税或面临其他与气候相关的贸易壁垒。

通过低碳经济实践，可以降低发达国家向发展中国家进行排放转移的风险。随着经济全球化，很多发达国家的企业在发展中国家设立工厂，通过进口商品来满足国内需要，转移了能源和资源消耗及环境污染。我国在商业产业链中处于下端，主要出口一些能源含量高技术水平低的产品出口。这就涉及内涵能源的问题，即内涵能源，是指产品上游加工、制造、运输等全过程所消耗的总能源，鉴于中国当前的经济结构，必然存在巨大的内涵能源出口净值。

中国正处于经济增长机遇和低碳转型的两难选择之中，我们必须遵循经济社会发展与环境保护的一般规律，顺应发展低碳经济的潮流和趋势，同时还要根据我国的基本国情和国家利益，寻找一条协调长期与短期利益、权衡各类政策目标的低碳发展路径。

三、中国钢铁工业的低碳发展的意义

目前，中国一次能源消费结构以煤炭为主。虽然近年来一次能源消费结构中石油、天然气、水电、核电及其他可再生能源的比例逐渐增加，但仍然不能改变煤炭在能源结构中的主导地位。煤炭从生产到消费的各个阶段，都会对环境产生影响。相对于发达国家以油气为主的能源结构，中国以煤炭为主的能源结构污染环境更加严重，这也是中国成为二氧化碳的最大排放国的主要原因。

钢铁工业是国民经济发展的重要支柱性产业，也是典型的能源密集型行业。自中华人民共和国成立以来，钢铁工业就成为了中国工业的发展基础，无论社会变革或是技术革新，钢铁工业的社会地位不可能被替代。发达国家历史经验表明，处于工业化阶段的钢铁工业产值普遍具有较高的增速水平。中国正处于工业化和城市化进程加速的关键时期，国民经济近年来稳步、高速增长，国家在基础设施、城市化建设、固定资产方面的投资不断增加，进一步促进了对钢铁产品的需求。然而，和世界上发达国家相比，中国的钢铁工业规模虽然处于领先地位，粗钢产量分别为美国和日本的 8 倍和 6 倍左右，但在能效水平上，远远低于发达国家。因此，钢铁产品生产能源消耗量巨大，面对当今世界日益突出的能源和环境问题，对钢铁工业能源消费和二氧化碳排放问题的研究尤为重要。

2011 年 10 月 24 日，工业和信息化部发布了《中国钢铁工业“十二五”发展规划》，明确提出了钢铁工业发展的能源强度和二氧化碳减排指标，这对钢铁工业的进一步发展提出了新的挑战。此外，国务院各部门还相继发布了《节能减排“十二五”规划》《工业节能“十二五”规划》《“十二五”国家应对气候变化科技发展专题规划》等指导文件，对重点行业和领域的节能减排工作提出了细化的操作措施和实现目标。钢铁工业是典型的高耗能产业，中国的钢铁工业又是典型的煤炭密集型产业，在当前能源安全和气候变暖已经成为国际社会普遍关注的焦点的背景下，为促进节能减排，研究中国钢铁工业能源需求和二氧化碳排放的影响因素、能源利用效率、未来的节能和减排潜力及其可行性问题，不仅可以为制定促进钢铁健康发展的战略提供科学依据，而且对于增强行业的国际竞争力都具有重要意义。

第一，本书完善了节能减排研究的系统方法。尽管国内外学者针对节能潜力研究的理论和方法层出不穷，但是相关研究主要还是停留在技术层面，而且目前尚缺少对这些理论和方法的系统性整合。因此本书的意义在于对节能减排的相关研究进行了系统性的归纳和对比，以特定高耗能行业为研究对象，利用时期阶段这个轴线，重点研究历史的技术节能减排潜力和未来中长期的节能减排潜力。这对于完善节能潜力研究方法，尤其是将相关方法应用于特定工业行业，有一定的启示和借鉴意义，同时对能源密集型工业的可持续发展具有重要的理论参考价值。

第二，本书扩展了全要素碳排放绩效的相关研究。随着全球对二氧化碳的温室气体效应越来越达成共识，针对碳排放效率的研究也逐渐开始发展，但是由于该问题出现较晚，理论上对二氧化碳排放在生产过程中的地位还存在一定的争论，更是缺乏对特定工业部门的研究。钢铁工业部门由于具有强烈的行业属性，而且其排放量较大，因此十分具有研究意义。本书首先对生产过程中引入碳排放的两种方式进行总结对比，接着在对生产过程中碳排放进行明确定位后，以钢铁工业这一典型高耗能工业为研究对象，建立将碳排放作为产出的经济模型，对钢铁工业的碳排放绩效进行评价。这对于扩展生产效率的研究范围，研究其他行业的全要素碳排放绩效具有一定的借鉴意义。

第三，对提升区域能源利用效率具有参考价值。本书通过对各省市区钢铁工业的全要素能源效率进行比较研究，研究结果对探讨区域能源利用效率的改进具有科学的指导意义。在参照各省能源效率的基础上，本书还估计了各经济区在研究区间内的技术节能潜力，对于各省区科学制定节能目标具有一定的参考价值。相关研究结果不但可以帮助各省区判断能源效率水平所处的位置，而且还揭示了省域之间存在的能源效率差距，进而指导各省区能源效率的改进方向和改进途径。

第四，为钢铁工业二氧化碳减排提供科学支撑。随着人们对气候问题的逐渐关注，能源相关的环境问题成为能源经济学研究的另一个重要问题。钢铁工业是重要的二氧化碳排放源。本书通过对钢铁工业碳排放问题的全面考察，包括碳排放的影响因素、未来发展趋势和各省区全要素碳排放绩效评价，为解决钢铁工业的环境外部性问题提供实证支持。

第五，为钢铁工业节能减排和升级发展模式提供政策指引。以钢铁工业为代表的高耗能行业是未来我国节能减排的重点领域，由于钢铁工业的特殊性，作为中国工业的基础产业，钢铁工业发展长期以来都采用粗放型的发展模式，这不仅造成了大量能源资源的浪费，而且对环境和气候造成了较大影响。造成这种发展弊端的原因有很多，而经济发展阶段、技术水平、产业结构、人员素质、能源价格等都是影响行业发展的重要因素。因此本书重点研究各种影响因素与能源消费和二氧化碳排放之间的长期关系，并在此基础上计算钢铁工业的节能减排潜力，这对行业节能减排和转型发展具有指导意义。

第二章　中国钢铁工业的能源消费和碳排放特征

一、中国钢铁工业概述

广义的钢铁行业包括黑色金属矿物采选和黑色金属冶炼加工等工业生产活动。黑色金属即为通常所说的钢铁产品，主要包括生铁、粗钢和钢材等品种。此外，由于钢铁生产还涉及非金属矿物采选和制品等其他一些工业门类，如焦化、耐火材料、碳素制品等，通常将这些工业门类也纳入广义的钢铁行业范围中。而狭义的钢铁行业就是黑色金属冶炼和延压加工业，是以从事黑色金属冶炼加工等工业生产活动为主的工业行业，包括炼铁业、炼钢业、钢加工业、铁合金冶炼业等细分行业，是国家重要的原材料工业之一。在本书中采用钢铁行业的狭义定义。

钢铁工业是中国的基础工业部门。在中国经济发展过程中，钢铁工业的发展成为了工业化水平的一个重要标志。自从中华人民共和国成立以来，钢铁部门就成为了工业发展的重点，并且中国的钢铁工业取得了重大的成就。中国钢铁工业主要产品历年产量如表 2-1 所示，可以看出中国的各种钢铁工业产品经历了从无到有，产量逐步增加的过程。中国的粗钢产量在 1996 年首次超过了 1 亿吨，此后继续保持高速增长模式（见图 2-1）。近十年来，中国钢铁行业的发展速度一直远远高于世界其他钢铁大国：日本、美国和俄罗斯的钢铁产量趋于稳定，而中国的钢铁产量呈指数增长趋势。从 1985 年到 2015 年，中国的粗钢产量从 46.79 百万吨上涨到 804 百万吨，年均增长率达 10%；中国的粗钢产量占世界的比值从 7%上涨到 45%；钢铁工业总产值从 430 亿元上涨到 59106 亿元，年均增长率为 14%（见图 2-2）。进入 21 世纪后，中国粗钢产量仍保持了平均 18.5%的年增长率。2010 年，生铁、粗钢、成品钢铁、铁矿石原矿、铁合金和耐火材料的产量分别达到 595.60 百万吨、638.74 百万吨、802.01 百万吨、1080.16 百万吨、24.36 百万吨和 28.08 百万吨。和高速增长的产量相对应，中国钢铁工业的出口也在持续发展，从 2006 年开始由净进口国转化为净出口国。随着中国工业化和城市化的进一步发展，在未来一段时间内，中国钢铁工业将保持持续发展模式。因此，对于钢铁工业的深入研究有利于中国工业部门的健康发展。

表 2-1　　**中国钢铁工业主要产品产量变化（万吨）**

年份	生铁	粗钢	成品钢材	铁矿石原矿	铁合金	耐火材料
1949	25	15.8	14	59	0.09	7.4
“一五”时期（1953—1957）	1998	1667	1320	5750	29.38	340.2
“三五”时期（1966—1970）	6145	6577	4658	20325	226.11	1023.4
“五五”时期（1976—1980）	15692	14758	10519	53267	449.72	2085.7
“七五”时期（1986—1990）	28328	29586	23145	82977	1027.95	3239.5
1996	10722.45	10123.68	9338.12	25228.27	419.84	1477.34
2000	13101.48	12850	13146	22256.19	402.92	—
2004	25185.05	27279.79	29723.12	31130.65	900.2	1867.51
2008	48322.56	51233.86	61379.48	78014.11	1900.78	2417.48
2010	59560.1	63874.28	80201.42	108016.1	2435.5	2808.06

资料来源：中国钢铁工业协会，《中国钢铁工业年鉴 2011》。

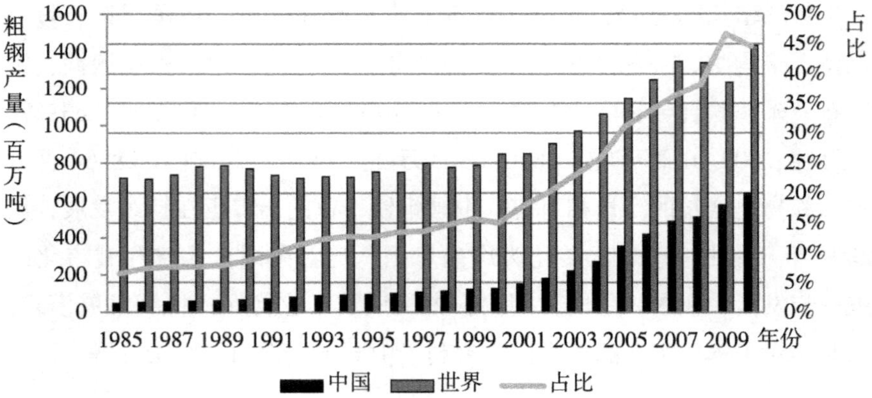

图 2-1　中国粗钢产量

资料来源：国际钢铁协会，《世界钢铁统计数据 2011》。

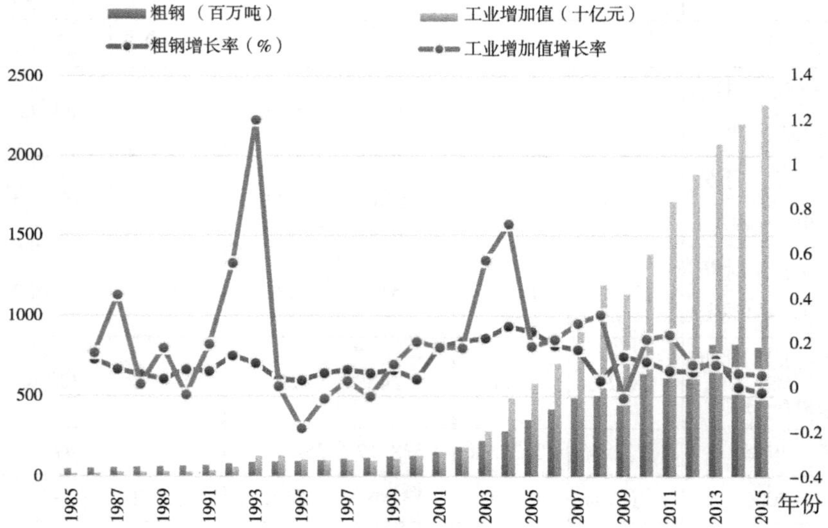

图 2-2　中国钢铁工业产出增长

资料来源：中国钢铁工业协会，《中国钢铁工业年鉴 2016》。

钢铁工业产出增长的来源表现为生产要素的不断投入和技术进步。从主要的生产投入角度来看，中国钢铁工业的从业人员数从 1985 年的

243 万人增长到 2015 年的 339. 9 万人，年均增长率为 1. 56%；资本投入从 1985 年的 402 亿元上涨到 2015 年的 4269 亿元。生产技术水平的进步可以从研发支出指标表现出来。从图 2-3 中可以看出，中国钢铁工业的研发支出从 1985 年 237. 38 百万元上涨到 2011 年的 402. 1 亿元，年均增长率为 26. 49%。2011 年，研发人数占行业从业人数的 3%，比工业整体平均水平高出了一个百分点。然而，值得注意的是，中国钢铁工业研发支出占主营业务收入比例仍然不高（平均 1%左右），未来仍然需要继续提高研发支出比重。

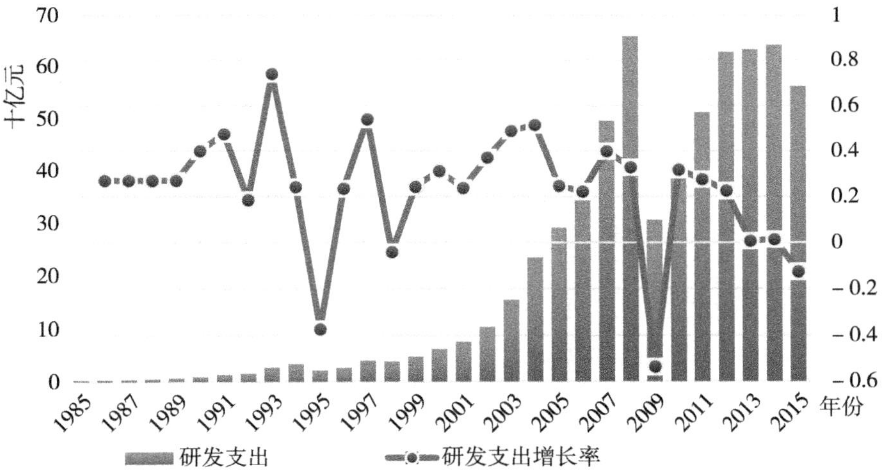

图 2-3　中国钢铁工业的研究和发展支出

资料来源：《中国科技统计年鉴 2016》。

二、中国钢铁工业的能源消费现状

近年来，我国钢铁行业取得了高速发展，但钢铁行业内部能耗偏高，对焦炭、电力、油和天然气等能源的需求增长较快，影响了钢铁行业的可持续发展。在 1985 年到 2010 年间，钢铁工业部门的总能源消费量从 76. 4 百万吨标准煤上涨到 575. 2 百万吨标准煤，年均增长率为

8.7%。2010年，中国该部门的能源消费量大约等于英国初级能源消费总量的两倍（2010年英国初级能源消费量数据来自于《BP世界能源统计2012》）。从图2-4中可以看出，钢铁部门的能源消费占总工业部门能源消费量的比例从1985年的14.96%上涨到2010年的24.8%，年均比例达19.17%；钢铁部门的能源消费占全国能源消费量的比例由1985年的9.96%上涨到2010年的17.71%，年均比例达13.5%。因此，钢铁工业部门成为了中国节能减排潜力巨大的部门之一。

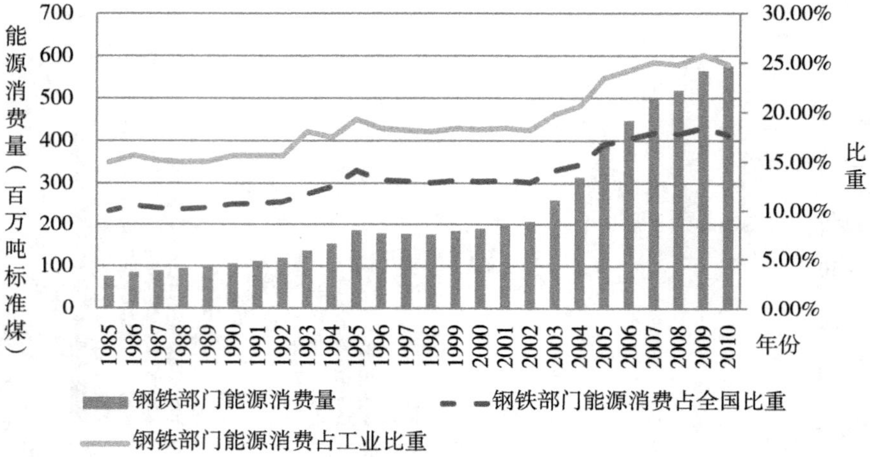

图2-4　中国钢铁工业能源消费现状

资料来源：《中国统计年鉴2011》。

钢铁工业主要使用的能源品种如图2-5所示，包括煤炭、焦炭、原油、汽油、煤油、柴油、燃料油、天然气和电力共九种。主要的能源资源可以概括为煤炭相关资源、油类相关资源、天然气和电力四个大类。在中国钢铁工业的能源结构中，占比最大的为煤炭和焦炭，平均比例均达到40%左右。接下来是电力，平均比例约为6%。天然气的平均消费比例最小，仅为0.42%。因此，在过去的近三十年里，煤炭类资源是中国钢铁工业的主要能源资源。尽管随着先进技术的推广，煤炭类资源在总能源消费中的比例呈现缓慢的下降趋势，电力的比例也逐渐增加，但仍然不能改变该行业以煤为主的能源消费结构。

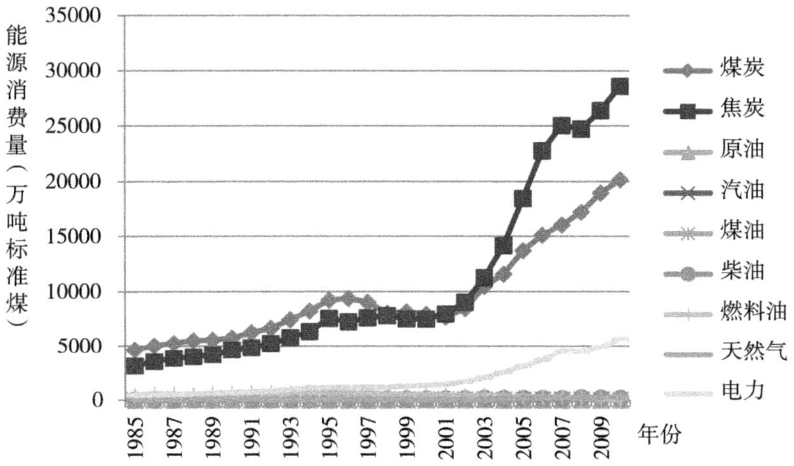

图 2-5 中国钢铁工业具体能源品种消费量

资料来源：《中国统计年鉴 2011》。

电力是二次能源，虽然在中国钢铁工业终端能源结构中，电力消费比例远小于煤炭资源，但是钢铁工业的电力消费量仍不容忽视。图 2-6 反映了三十多年来钢铁行业的电力消费量以及占全国总的电力消费量的比重，其中全国电力消费既包括各产业的电力消费，也包括居民的电力消费。钢铁行业的电力消费量在 1985 年至 2001 年间一直保持增长趋势，且增长速度平缓；在 2002 年至 2008 年间增长速度陡然加快，2008 年钢铁行业的电力消费量是 2002 年电力消费量的 3 倍多。从图 2-6 中可以看出，尽管钢铁行业电力消费的绝对量在二十多年间的数值变化很大，但钢铁行业的电力消费量占全国电力消费量的比重变化不大，且呈现上下波动的变化趋势。尤其是 1985—2002 年，钢铁行业的电力消费量占全国电力消费量的比重一直在 8.5%左右小幅度的变动，变化趋势很小；2003—2007 年该比重的变化趋势增大，出现缓慢上行，在 2007 年达到 11.3%的最高点 11.3%；2008 年该比重开始回落，约为 11%。在全国工业化的过程当中，虽然钢铁行业的电力消费量的绝对值增长很快，但是全国其他各个产业的电力需求量也相应有较快的增长，因此钢铁行业的电力消费量占全国电力消费量的比重在二十几年的时间里变化缓慢，且呈现波动状态。

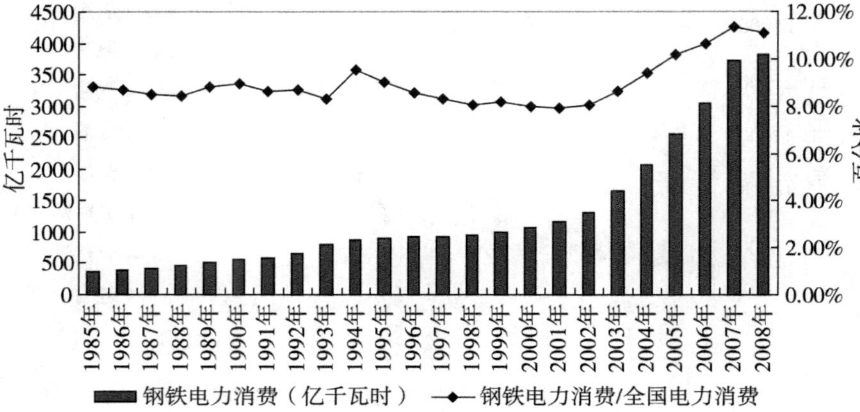

图 2-6　1985—2008 年钢铁行业的电力消费及占全国电力消费的比重

资料来源：《中国统计年鉴 2009》。

表 2-2 进一步给出了近年来中国钢铁工业电力消费的具体情况。2011 年中国钢铁工业电力消费为 5248. 3 亿千瓦时，占制造业部门电力消费比例的 20. 56%，总工业部门的 15. 13%，全国电力消费量的 11. 17%，其中全国电力消费既包括各产业的电力消费，也包括居民的电力消费。

表 2-2　**中国钢铁工业电力消费比例**

年份	电力消费：钢铁工业（十亿千瓦时）	电力消费占比：钢铁工业/制造业（%）	电力消费占比：钢铁工业/工业（%）	电力消费占比：钢铁工业/全国（%）
2000	112. 11	16. 65	11. 21	8. 32
2001	121. 43	16. 56	11. 09	8. 25

续表

年份	电力消费：钢铁工业（十亿千瓦时）	电力消费占比：钢铁工业/制造业（%）	电力消费占比：钢铁工业/工业（%）	电力消费占比：钢铁工业/全国（%）
2002	138.15	16.51	11.14	8.39
2003	168.32	17.32	11.88	8.84
2004	208.73	18.26	12.71	9.50
2005	255.05	19.43	13.77	10.23
2006	303.9	19.75	14.29	10.63
2007	366.17	20.53	15.07	11.19
2008	369.31	19.87	14.55	10.69
2009	402.05	20.42	14.97	10.86
2010	461.16	20.16	14.94	11.00
2011	524.83	20.56	15.13	11.17

数据来源：中国钢铁工业协会，《中国钢铁工业年鉴 2012》。

从上面的分析中可以看出，钢铁工业是中国能源消费的重要部门。面对巨大的资源可持续性、能源成本、环境成本和气候变化压力，节能已经成为中国经济低碳转型的重要发展策略。因此，对中国钢铁工业能源消费问题的研究，不仅对中国经济的低碳发展具有重要意义，同时对世界钢铁工业的节能减排也具有重要的影响。

三、中国钢铁工业能源相关碳排放现状

改革开放以来中国经济的快速增长导致了能源消费需求的急剧增加，能源消费带来的二氧化碳排放和气候变化问题已经越来越引起人们的重视。根据国际能源署（IEA，2012）估计，2010 年中国二氧化碳排放总量为 8335.5 百万吨，占世界排放量的 25.1%。在今后一段时间内，中国的工业化城市化进程还将继续，由此将带来碳排放量的继续增加。

因此，碳排放的控制和减少成为政府和各部门关心的主要问题。为了减少碳排放，中国政府制定了一系列碳排放的硬约束目标：2015 年全国单位国内生产总值能耗比 2010 年下降 16%，全国单位国内生产总值二氧化碳排放量比 2010 年下降 17%；到 2020 年非化石能源占一次能源消费比重达到 15%左右，单位国内生产总值碳排放比 2005 年下降 40%～45%。长期以来中国的能源消费以煤为主，煤炭占一次能源消费量的 70%左右，在短时间内很难改变，碳减排目标对中国来说是一个巨大的挑战。为完成碳减排目标，我们有必要对各个行业和部门的碳排放量进行估计，并且对碳排放变动进行深入分析，特别是高耗能的工业部门。

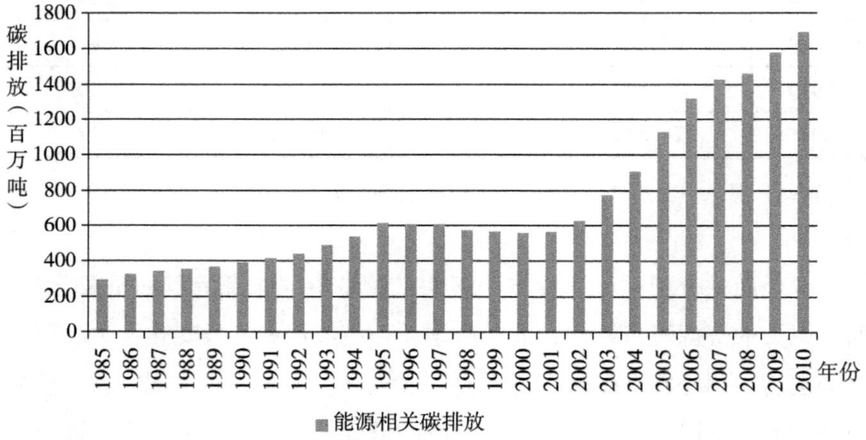

注：数据为作者估算。

图 2-7　中国钢铁工业能源相关二氧化碳排放

钢铁工业作为主要的能源消费部门之一，由此产生了化石能源燃烧带来的二氧化碳排放问题。世界各主要钢铁生产国家和地区都制订了相应的碳减排计划。在中国，钢铁部门的碳排放占全国的 15%左右，是仅次于化工和建筑工业之后的第三大工业碳排放源（徐匡迪，2010）。根据《钢铁工业“十二五”发展规划》的目标要求，“十二五”期间钢铁工业单位工业增加值能耗和二氧化碳排放量均要降低 18%。根据估计，从1985年到2010年间，中国钢铁工业能源相关碳排放由292.16百万吨上涨到1963百万吨，年均增长率为7.5%。从图2-7中还可以看出，在1996年到2000年间，中国钢铁工业碳排放有所下降，这和该时期中国钢铁工业的产出和能源消费量下降相关，在该时期内，钢铁工业产值年均下降1.8%。本章后面部分将对中国钢铁工业能源相关碳排放的变动和影响因素做具体分析。

第三章　中国钢铁工业的节能潜力预测

一、节能减排的内涵

由经济发展所带来的能源问题和环境气候压力已成为全球关注的热点。伴随着经济、能源和环境的矛盾日趋尖锐，公众对未来经济发展方式、能源资源可持续供应，以及全球气候变化应对措施等问题的反应日益强烈。如何做好节能减排工作，维持世界经济的可持续发展，是人类社会当前所面临的重大课题，也是我们需要面对的挑战和必须承担的责任。

本章将从节能减排的概念、特征及要求，以及节能减排的机制、技术路径等几个方面对节能减排进行一个简要介绍。

（一）节能减排的概念

广义而言，节能减排（energy-saving and environmental protection）是指节约物质资源和能量资源，减少废弃物和环境有害物（包括三废和噪声等）排放；概括之，节能减排即节约能源、降低能源消耗和减少环境污染物排放。

“节能减排”一词出自于我国“十一五”规划纲要。2006年，我国《国民经济和社会发展第十一个五年规划纲要》提出，到2010年我国单位GDP能耗比2005年降低20%、主要污染物排放减少10%的约束指标。这两项指标合在一起，即是我们所说的“节能减排”。

节能减排作为一个整体概念，包含了四层含义：

第一层含义是“减量”，即减少不可再生资源的消耗量，改变传统经济模式“资源—产品—废弃物”的单向直线过程，引入“减量化、再利用、再循环”的经济发展思路，实现可持续发展目标。

第二层含义是“替代”，即强调“清洁高效”的能源替代和技术更新，根据经济学所强调的替代理论，利用价格杠杆，引导资本投入，开发清洁高效的新能源替代低效、高污染、不可再生的常规能源，尤其是化石燃料（煤炭、石油等）。

第三层含义是“增效”，即强调提高能源利用的经济效益，通过提高能源效率，降低能源强度，增加经济效益，缓解经济增长与能源、环境之间的矛盾。

第四层含义是“减排”，即强调注重对生态环境的保护，在能源开发、生产和使用的各个环节减少污染物和温室气体的排放。

（二）节能减排的机制

1. 节能的价格机制和投资机制

考虑到不同的社会经济发展阶段，对于能源需求也是不同的。对中国这样的发展中国家而言，随着工业化、城市化进程的推进，对能源的需求往往是刚性的，这就使得节能减排面临巨大的挑战。

提高能源价格和加大节能领域投资是实现节能目标的主要途径，也是国家能源政策的重要组成部分。通过提高能源价格，不仅会提高企业和个人的节能意识，还可以引导对节能领域的投资，但是能否取得预期的效果，则取决于资本与能源之间的相互关系，也就是所谓的能源替代问题。

能源替代是指通过对能源消费的内部结构调整或者改变能源与其他非能源的投入比例，以达到节约不可再生能源、降低能源投入成本、提高能源利用效率、保护生态环境并最终实现经济可持续发展的目标。能源替代包括内部替代和外部替代。前者是指能源内部的结构问题，即不同能源之间的替代，比如清洁高效能源对化石燃料能源的替代；后者是指基于能源价格的变化，通过能源与资本、劳动等生产要素之间的替代，实现三者投入的优化配置，达到降低能源成本、提高产出的目的。但是，不管是外部替代还是内部替代，都取决于能源价格机制。

从外部替代的角度来看，在不同经济发展阶段，能源与资本等要素之间可能存在不同的关系。当能源与资本之间呈现替代关系时，加大节能领域的资本投入就可以促进能源节约；反之，当两者呈现互补关系时，试图扩大资本投入来替代能源，就会因为能源缺乏需求弹性而达不到预期的效果，节能只能更多地依靠提高能源价格来迫使社会消耗较少能源。西方发达国家的经验表明，在社会经济发展初期，资本的投入需要能源的配套，能源和资本存在互补关系；随着经济的发展，能源价格的提高，节能技术的推广，资本的投入就能使能源消耗下降，能源和资本存在替代关系。由于资本和能源的替代关系在很大程度上会受到能源价格的影响，因此，如果承认目前节能减排的迫切性，就必须逐步提高能源价格，使资本和能源之间尽快出现替代关系，从而提高能源效率。

从内部替代的角度来看，虽然能源价格的提高有助于能源结构转向以高效、清洁能源为主，但是也要注意反弹效应可能造成的负面影响。所谓的反弹效应是指某种能源利用效率的提高在开始时会降低该能源消费，然而，如果能源价格不变，节省能源会使产品成本或能源服务的使用成本下降，引起需求的反弹。有许多研究结果证实了反弹效应的存在，反弹效应使得政府投入提高能源效率而进行节能的努力结果将比预期更小。反弹效应取决于许多因素，包括资源形式、资源使用设备以及资源市场和总体经济的发展程度。在特定条件下，由于存在反弹效应，能源效率提高甚至最终可以导致能源需求增加。这种情况发生在一些发展中国家或新兴国家的低能源价格政策下的能源市场。对于成熟的市场，尽管存在反弹效应，但节能效果依然存在。

所以，政府产业政策和能源政策对节能的效果具有非常大的影响，而能源价格的管制与否是最直接的因素。通过提高能源价格可以迫使个人和企业进行节能投入，而能源效率提高带来的节能抵消了能源价格上涨的影响，如果整体能源成本没有下降，就不会有需求反弹，或反弹较小。因此，通过能源价格机制可以抑制需求的反弹，保证投资机制进行的节能行为更有效。

2. 减排的市场机制和税收机制

环境污染和气候问题是典型的"公地悲剧（the tragedy of the commons）"①，地球环境（气候）作为自然的全球公共物品，由于其既无排他性又无竞争性，具有经济学中公共物品所存在的外部性、搭便车和市场失灵等问题。在政府的环境政策与管制措施（排污收费、污染事故罚款、资源回收补贴和节能减排优惠贷款等）之外，环境经济学理论②则提供了运用经济杠杆来控制环境污染和气候变化问题的办法，即市场机制（污染物排放权交易）和税收机制（环境税）两种手段。

科斯定理③（Coase Theorem）是产权理论最早的萌芽，为后来的排放（污）权交易制度设计奠定了理论基础。科斯定理认为：①在交易费用为零的情况下，不管权利如何进行初始配置，当事人都可以通过谈判来解决，且结果是有效率的，即市场会自动达到帕累托最优；②在交易费用不为零的情况下，不同的权利配置界定会带来不同的资源配置，即交易费用是选择或衡量产权制度效率高低的唯一标准；③因为交易费用的存在，不同的权利界定和分配，则会带来不同效益的资源配置，所以产权制度的设置是优化资源配置的基础。科斯认为，通过使产权明晰和允许交易，市场的作用不仅是评估这些权利的价值，而且提供了一种机制，确保这些权利流向价值最高的用途领域。

---

① "公地悲剧"是英国生物学家哈定（Hadin）于1968年在《科学》杂志上发表的《公地悲剧》一文所提出的一个观点："如果一种资源没有排他性的所有权，就会导致这种资源的过度使用或错误使用"。

② 环境经济学是环境科学和经济学之间交叉的边缘学科，主要是利用经济杠杆来解决环境污染问题，研究领域包括：环境污染造成的经济损失估算；环境治理的投入所产生的效益评估；排放权交易市场机制等。

③ 科斯定理是以诺贝尔经济学奖得主、英国经济学家科斯（Coase）来命名的。他于1937年和1960年分别发表了《厂商的性质》和《社会成本问题》两篇论文，其中的论点后来被人们命名为著名的"科斯定理"。

环境经济学提出的排放权交易①（emissions-trading program）制度，就是参照产权理论建立起来的解决环境问题的市场机制。根据科斯定理，只要各国通过国际谈判，建立一个相应的国际制度框架确定保护环境的目标，使得环境容量成为一种稀缺资源，在明确界定各国利用环境容量的权利（资源产权，即排放权分配）的基础上，排放权的转让交易就能够促进环境容量资源的合理配置，实现环境污染和气候变化的国际治理。1990 年美国国会通过了《清洁空气法》修正案并实施《酸雨计划》，美国的排放权交易主要集中于二氧化硫，在全国范围的电力行业实施，凭着可靠的法律依据和详细的实施方案，目前已成为美国国内排放权交易市场中最为成熟的市场机制实践。虽然目前世界上还没有统一的温室气体国际排放权交易市场，但是已形成了欧盟排放交易体系（EU ETS）和美国的芝加哥气候交易所（CCX）这样的区域性市场。在区域性的市场中，虽然存在不同的交易商品和合同结构，各市场对交易的管理规则也不相同，但是随着温室气体排放国际制度的发展，市场环境也在逐步健全，交易机制在逐步完善并走向统一。

环境税（environmental taxation）是 20 世纪末才兴起的概念，可以溯源到由福利经济学家庇古所提出的庇古税②（Pigovain Tax）。庇古提出的外部性理论认为经济活动会产生负的外部性，即运行主体化生产和消费过程中可能产生的副产品（如环境污染和生态破坏等）导致的边际私人成本和边际社会成本之间存在差异，而这种外部性问题无法通过市场交易来完成，只能依靠政府采取征税或补贴等措施加以调节，把环境污染和生态破坏的社会成本，内化到生产成本和市场价格中去，来弥

---

① 排放权交易是美国经济学家戴尔斯（Dales）于 1968 年在《污染、财产与价格》一书中提出的解决环境污染问题的市场机制，他还将排放权定义为权利人在符合法律规定的条件下向环境排放污染物的权利。

② 庇古税是由英国现代经济学家、福利经济学的创始人庇古（Pigovain）在 1920 年出版的著作《福利经济学》中提出的。他认为导致市场配置资源失效的原因是经济主体的私人成本与社会成本不一致，从而私人的最优导致社会的非最优。因此，只能由政府通过征税或者补贴来矫正经济当事人的私人成本，这种纠正外部性的方法就被称之为庇古税。

补边际私人成本和边际社会成本之间的差距。庇古税是一种直接环境税，它按照污染物的排放量或经济活动的危害来确定纳税义务，所以也是一种从量税。庇古税的单位税额，应该根据一项经济活动的边际社会成本等于边际效益的均衡点来确定，这时对污染排放的税率就处于最佳水平。

环境税与排放权交易都是基于市场的环境管理手段，它们既有区别又有联系。环境税是确定一个价格，然后让市场确定排污水平；而排放权交易正好相反，先确定排放量，然后让市场确定价格。目前，OECD国家不仅对二氧化碳、二氧化硫、水污染、噪声、固体废物和垃圾等污染物征收排放税，而且对导致环境污染的产品征收产品税，以刺激生产者和消费者转向无污染或少污染的产品。

二、节能潜力：文献综述

钢铁工业是主要的能源消费部门，大量的能源消费量一方面会对资源储备带来巨大压力，另一方面还会影响环境。在此背景下，节能成为中国钢铁工业发展的一个重要方向。根据世界能源委员会（WEC）的定义，能源节约（energy conservation）指的是“采取经济上合理、技术上可行、对环境和社会都可接受的一切措施，来提高能源资源的利用效率”。然而从物理学角度来讲，热力学第一定律表明任何一个系统的总能源数量不会发生变化，也就是总能源不会消失，只是能源的具体形式发生了变化。因此，在本书中我们从可持续发展的角度来讨论能源节约，将能源节约定义为使用更少的能源服务带来的能源消费量的减少量。

钢铁工业的生产技术复杂，一些关于该行业能源节约潜力的研究从能源技术角度出发，分析技术进步对能源使用效率的影响，并进一步估计节能技术推广带来的节能潜力。Ratna 和 Bhaktavatsalam（1997）对比了不同国家钢铁企业的技术水平，并进一步分析了印度钢铁企业低能源效率的原因。Ernst 等（2001）调查了美国钢铁部门的 47 种能效技术和方法，研究发现美国钢铁部门的成本有效的节能潜力为 38 亿焦耳/吨，是 1994 年能源消费水平的 18%。Yu 等（2007）通过分析钢铁制造过程的物质流动和能源强度，进一步提出了节约能源的具体建议。Zhang 和 Wang（2008）采用科布道格拉斯形式的生产函数估计了中国钢铁企业 1990—2000 年的节能技术和创新投资对生产效率的影响。Li 等（2013）通过政策情景设计方法预测了钢铁生产中能源等投入的技术策略，在低控制目标下，25%的能源节约是一个重要的限制。Wen 等（2014）通过技术筛选和情景分析估计了中国钢铁工业的能源消费和节能潜力。

从上面的文献可以看出，技术角度的分析不能完全反映经济活动对能源节约的影响。经济活动的影响可以表现在生产的各个方面，而不仅仅是技术水平。同时，宏观经济形势的变化也会影响能源节约。从能源经济学的角度，在给定的能源服务水平下，节能供给曲线法能够对实际节能数量和节能边际成本之间的关系进行准确的描述（Meier 和 Rosenfe，1982）。采用该方法，Worrell 等（2000）和 Hasanbeigi 等（2010）分别研究了美国和中国工业部门的节能潜力。Ali 等（2013）发展了自下而上的技术节能供给曲线模型，同时讨论了节能供给曲线的不同方法。然而，值得注意的是，该研究方法存在一定的缺陷。一是具体的边际成本原始数据难以获得，因此难以对边际成本进行估计，文献用节能的平均成本来替代边际成本，最终导致估计结果的偏差。二是该方法也不能够估计宏观经济变量对能源节约的影响。

由于经济变量一般具有随机游走的特征，协整技术（cointegration）是分析经济变量关系的一个广泛采用的方法。尽管变量本身是不稳定的序列，变量之间的线性组合可能是稳定的，由变量组成的稳定的线性组合可以用来分析变量之间的长期稳定关系。采用协整技术，Atakhanova 和 Howie（2007）分析了哈萨克斯坦的经济增长和电力需求之间的关系。通过能源、资本、劳动和技术进步四个变量，Yuan 等（2009）分析了能源强度和技术进步之间的关系。Lin 和 Mohamed（2014）估计了中国造纸工业的节能潜力，结果表明技术水平、利润率、产业结构和能源价格是影响能源强度的重要变量。

采用能源经济模型对中国钢铁工业节能潜力进行研究的文献很少。仅有 Lin 等（2011）采用线性回归模型进行了研究，然而线性回归模型并不能反映随机游走的经济变量之间的真实关系，因此该研究存在一定的局限。本书将运用协整技术对宏观经济变量对钢铁工业能源强度的影响进行估计，并在此基础上通过情景分析方法对 2015 年和 2020 年的节能潜力进行预测。

三、理论模型的建立

（一）协整模型

所谓的协整关系是指两个（或多个）变量的（静态）长期均衡关系。虽然在实际中，一些经济变量本身可能是非平稳的，这些序列的矩，如均值、方协方差会随着时间发生变化，但它们的线性组合却有可能是平稳的。这种平稳的线性组合被称之为协整方程且可被解释为向量之间的长期稳定关系。协整的定义为：

k 维向量 $x_t=(x_{1t}, x_{2t}, \cdots, x_{kt})$ 分量间被称为 b 阶协整，记为 $x_t \to CI(d, b)$，如果满足以下条件，则简称 x_t 是协整的，向量 α 被称为协整向量。

$x_t \to I(d)$，且 x_t 的每个分量 $x_{it} \sim I(d)$；

存在非零向量 α，使得 $\alpha' x_t \to I(d-b)$，$0<b\leqslant d$。

协整理论并不能处理所有非平稳序列，它能检验的是单整序列间的关系问题。运用协整理论建立计量分析（预测）模型，需要按以下程序进行：

1. 单位根检验

单位根检验即检验所研究的序列是否为单整序列。单整序列是指通过差分运算可以得到平稳序列的非平稳序列。单整序列的阶数是序列的单位根个数，或者使序列平稳而差分的阶数。如一个非平稳序列 x_t 经过

d 次差分成为一个平稳序列，则 x_t 为 d 阶单整序列，记为 $x_t \sim I(d)$。

自从 Engle 和 Granger（1987）对协整技术进行了深入的论证，该方法被广泛地应用于经济分析中。尽管大多数经济变量本身是不稳定的，但是变量的线性组合可能是稳定的，由变量组成的稳定的线性组合就被叫作协整方程，可以被用作解释变量之间的长期关系。因此，在进行协整分析之前，我们必须首先对变量的稳定性进行单位根检验。常用的检验方法包括 ADF 检验（Dickey 和 Fuller，1979）、PP 检验（Phillips 和 Perron，1988）和 KPSS 检验（Kwiatkowski 等，1992）。本质上，对于任意变量 y_t，检验零假设 $y_t \sim I(1)$ 相当于检验 Δy_t 是平稳的。ADF 单位根检验过程基于 OLS 三种回归方程有：

$$y_t = \theta_0 y_{t-1} + \sum_{i=1}^{p} \theta_i y_{t-i} + \mu_t \quad t = 1, 2, \cdots, T \tag{3-1}$$

$$y_t = \theta_0 y_{t-1} + \sum_{i=1}^{p} \theta_i y_{t-i} + \alpha + \mu_t \quad t = 1, 2, \cdots, T \tag{3-2}$$

$$y_t = \theta_0 y_{t-1} + \sum_{i=1}^{p} \theta_i y_{t-i} + \alpha + \delta t + \mu_t \quad t = 1, 2, \cdots, T \tag{3-3}$$

其中，α 是常数，δt 是线性趋势函数，$\mu_t \sim \text{i. i. d.}\ N(0, \sigma^2)$。从方程两边减去 y_{t-1} 得：

$$\Delta y_t = \gamma y_{t-1} + \sum_{i=1}^{p} \beta_i \Delta y_{t-i} + \mu_t \quad t = 1, 2, \cdots, T \tag{3-4}$$

$$\Delta y_t = \gamma y_{t-1} + \sum_{i=1}^{p} \beta_i \Delta y_{t-i} + \alpha + \mu_t \quad t = 1, 2, \cdots, T \tag{3-5}$$

$$\Delta y_t = \gamma y_{t-1} + \sum_{i=1}^{p} \beta_i \Delta y_{t-i} + \alpha + \delta t + \mu_t \quad t = 1, 2, \cdots, T \tag{3-6}$$

ADF 检验即检验 γ 是否为零，它的假设为 $H_0: \gamma = 0$，备选假设为 $H_1: \gamma < 0$。如果 $\gamma = 0$，则 y_t 序列是一阶单整序列，如果 $\gamma < 0$，则 y_t 非一阶单整序列。

PP 检验是一种非参数方法来检验一阶自回归过程 AR（1）的平稳性。类似于 ADF 检验，如果 $\gamma = 0$，意味着存在单位根，反之，不存在单位根。PP 检验构造了一个具有 t 分布的统计量 $t_{p,p}$ 来检验 $\hat{\gamma}$ 的取值情况。

$$t_{p,p} = \frac{\hat{\gamma}_0^{0.5} t_{\hat{\gamma}}}{\omega} - \frac{T(\omega^2 - \hat{\gamma}_0) s_{\hat{\gamma}}}{2\omega \hat{\sigma}} \tag{3-7}$$

其中：
$$\hat{\gamma}_0 = \frac{T-k}{T}\hat{\sigma}^2$$

$$\omega^2 = \hat{\gamma}_0 + 2\sum_{j=1}^{q}\left(1 - \frac{j}{q+1}\right)\hat{\gamma}_j$$

$$\hat{\gamma}_j = \frac{1}{T}\sum_{t=j+1}^{T}\hat{\mu}_t \hat{\mu}_{t-j}$$

$\hat{\gamma}_0$ 为一阶自回归方程的残差方差的一致估计量，k 为解释变量的个数，q 为截断滞后因子，t_γ 是 t 的统计量，$s_{\hat{\gamma}}$是 $\hat{\gamma}$ 的标准差，$\hat{\sigma}$ 是回归标准差，γ_j 是残差序列 j 阶自协方差的估计值。

KPSS 检验是另外一种单位根检验方法。该方法的不同在于零检验为稳定，即不存在单位根。和 ADF 和 PP 方法相比，KPSS 选择较低的滞后参数，对于小样本更加有效（Sabuhoro 和 Larue，1997）。

2. 协整检验

如果所研究的序列为单整序列，那么就需要检验它们之间是否存在协整关系。协整检验的方法一般有两种，一种是由 Engle 和 Granger 提出的对回归方程的残差进行单位根检验的方法。这种方法认为如果因变量能被自变量的线性组合所解释，两者之间存在稳定的均衡关系，那么因变量不能被自变量解释的部分构成一个残差序列，这个残差序列应该是平稳的。另一种是由 Johansen 和 Juselius 提出的以 VAR 模型为基础的检验回归系数的方法。由于在多变量方程组中对于一组变量间协整关系的检验的方法优于 Engle-Granger 的两步法，因此本书主要运用 Johansen-Juselius 法进行协整检验。

（1）Johansen 协整检验的基本思想。

首先，需要建立 VAR 模型：

$$y_t = A_1 y_{t-1} + \cdots + A_p y_{t-p} + Bx_t + \varepsilon_t \qquad t-1, 2, \cdots, T \tag{3-8}$$

其中，y_{1t}，y_{2t}，…，y_{kt} 都是非平稳的 I（1）变量，x_t 是一个确定的 d 为外生变量（代表常数项、趋势项等确定性项），ε_t 是 k 维扰动向量。

将式（3-8）差分变换可得到：

$$\Delta y_t = \prod y_{t-1} + \sum_{i=1}^{p-1} \Gamma_i \Delta y_{t-i} + Bx_t + \varepsilon_t$$

其中，$\prod = \sum_{i=1}^{p} A_i - 1$，$\Gamma_i = -\sum_{j=i+1}^{p} A_j$。

如果 Δy_t 是一个平稳序列，那么 $\prod y_{t-1}$ 是 $I(0)$ 的向量，即 y_{1t}，y_{2t}，…，y_{kt} 之间是否具有协整关系主要依赖于矩阵 $\prod$ 的秩 r。若 $0<r<k$，则 y_{1t}，y_{2t}，…，y_{kt} 之间存在着协整关系，$\prod$ 可以分解为：

$$\prod = \alpha\beta'$$

其中，α、β 为两个 $k \times r$ 阶矩阵，且 $r(\alpha)=r$，$r(\beta)=r$。r 是协整变量的个数（协整秩），β 中的每一列都是协整向量。在误差纠正模型中，α 中的元素为调整参数。Johansen 方法就是在非限定形式下估计矩阵 Π，然后检验我们是否能够拒绝由 Π 的秩所表示的条件。

（2）检验方法。

由于矩阵的秩等于它非零特征根的个数，因此对矩阵 $\prod$ 秩的检验可以转化为对它非零特征根个数的检验。设矩阵 $\prod$ 的特征根为 $\lambda_1 > \lambda_2 > \cdots > \lambda_k$。

特征根迹检验：

原假设：$H_{r0}: \lambda_r > 0, \lambda_{r+1} = 0$

备选假设：$H_{1r}: \lambda_{r+1} > 0$

检验的统计量为：$\pi_r = -T\sum_{i=r+1}^{k} \ln(1-\lambda_i)$，$r = 0, 1, 2, \cdots, k-1$

当 π_0<临界值，接受 H_{00}，表明不存在协整关系；

当 π_0>临界值，拒绝 H_{00}，表明至少有一个协整向量；

当 π_r<临界值，接受 H_{r0}，表明只有 r 个协整向量。

最大特征值检验：

原假设：$H_{r0}: \lambda_{r+1} = 0$

备选假设：$H_{1r}: \lambda_{r+1} > 0$

检验统计量：$\xi_r = -T\ln(1-\lambda_{r+1})$，$r = 0, 1, 2, \cdots, k-1$，$\xi_r$ 为最大特征根统计量。

当 ξ_0<临界值，接受 H_{00}，表明不存在协整关系；

当 ξ_0>临界值，拒绝 H_{00}，表明至少有一个协整向量；

当 ξ_r <临界值，接受 H_{r0}，表明只有 r 个协整向量。

（3）建立计量模型并进行预测。

根据协整检验得到的协整向量系数的估计值建立起模型。

3. Granger 因果检验

在经济变量中有一些变量显著相关，但它们未必都有经济意义，因此必须对其进行因果检验。Granger 解决 x 是否会引起 y 变化，主要是看现在的 y 能够在多大的程度上被过去的 x 解释，加入 x 的滞后值是否使解释程度提高，如果 x 在 y 的预测中有帮助，或者 x 和 y 的相关系数在统计上显著时，就可以认为 y 是由 x 引起的。

对 y 进行 s 期预测的均方差误差（MSE）：

$$\mathrm{MSE} = \frac{1}{s}\sum_{i=1}^{s}(\hat{y}_{t+i} - y_{t+i})^2 \tag{3-9}$$

如果 $\mathrm{MSE}[\hat{E}(y_{t+s} \mid y_t, y_{t+1}, \cdots)] = \mathrm{MSE}[\hat{E}(y_{t+s} \mid y_t, y_{t+1}, \cdots, x_t, x_{t+1}, \cdots)]$，则 x 不能 Granger 引起 y。

对于一个二元 P 阶 VAR 模型：

$$\begin{pmatrix} y_t \\ x_t \end{pmatrix} = \begin{pmatrix} a_{10} \\ a_{20} \end{pmatrix} + \begin{pmatrix} a_{11}^{(1)} & a_{12}^{(1)} \\ a_{21}^{(1)} & a_{22}^{(1)} \end{pmatrix}\begin{pmatrix} y_{t-1} \\ x_{t-1} \end{pmatrix} + \begin{pmatrix} a_{11}^{(2)} & a_{12}^{(2)} \\ a_{21}^{(2)} & a_{22}^{(2)} \end{pmatrix}\begin{pmatrix} y_{t-2} \\ x_{t-2} \end{pmatrix} + \cdots + \begin{pmatrix} a_{11}^{(p)} & a_{12}^{(p)} \\ a_{21}^{(p)} & a_{22}^{(p)} \end{pmatrix}\begin{pmatrix} y_{t-p} \\ x_{t-p} \end{pmatrix} + \begin{pmatrix} \varepsilon_{1t} \\ \varepsilon_{2t} \end{pmatrix}$$

做以下检验：

H_0：$b_{11}^{(p)} = 0$，$q = 1, 2, \cdots, p$。

H_1：至少存在一个 q 使得 $b_{11}^{(p)} \neq 0$。

如果满足高斯分布的假定，检验统计量：

$$S_1 = \frac{(\mathrm{RSS}_0 - \mathrm{RSS}_1)/p}{\mathrm{RSS}_1/(T-2p-1)} \sim F(p, T-2p-1)$$

其中，$RSS_1 = \sum_{t=1}^{T} \hat{\varepsilon}_{1t}^2$，$RSS_0$ 是不包含 x 之后变量方程 $y_t = b_{10} + b_{11}^{(1)} y_{t-1} + \cdots + b_{11}^{(p)} y_{t-p} + \hat{\varepsilon}_{1t}$ 残差平方和。

如果 S_1 大于 F 的临界值，则拒绝原假设，认为 x 能 Granger 引起 y。反之，则接受原假设，认为 x 不能 Granger 引起 y。

如果回归模型是上 VAR 模型，检验统计量：

$$S_2 = \frac{T(RSS_0 - RSS_1)}{RSS_1} \sim \chi^2(p)$$

如果 S_2 大于 χ^2 的临界值，则拒绝原假设，认为 x 能 Granger 引起 y。反之，则接受原假设，认为 x 不能 Granger 引起 y。

（二）风险分析

一般来说，风险是指在一定条件下和一定时期内可能发生的各种结果的变动程度，或某种损失发生的可能性。根据已有学者对于风险的描述，风险一词有两方面的内涵：一是指预期的目标没有实现，造成了一定的经济损失；二是指不确定性的随机现象或因素导致了结果的不确定性或波动，虽然能以满足一定的概率分布表示出现的可能程度，但其对最终结果的影响仍然无法作出确定性判断和分析。

风险分析是指设定风险因素的概率分布或其数字特征，通过一定的计量方法求出表示项目风险的指标的概率分布或具体数值的方法。风险分析的方法最早应用于企业经营管理，其理论体系也在各国学者的努力下得到不断完善和改进。近年来随着项目评价、风险管理等相关理论研究的深入，计算机技术和模拟技术的发展，传统风险分析技术在不断改进和提高，新的风险管理技术也开始得到发展和应用。在投资风险评价方面，风险量化分析方法从风险概率叠加模型（CIM 模型）、蒙特卡洛模拟法（Monte Carlo Simulation）等，到风险评价矩阵、层次分析法等新的评价方法的提出，以及一些新的模型技术也开始取得应用成果，如综合应急评审与响应技术（SCERT）、风险评审技术（VERT）、影响图技术（influence diagram）等，风险分析模型技术在不断发展并日趋完善，多平台梯度式的发展模式是风险分析模型技术的重要特征。其中诸多方法中的专家调查法、蒙特卡洛模拟技术、计划评审技术、敏感性分析等应用得更为广泛，主要是这些技术的特点是方法简单、易于理解，数据采集较容易，同时有比较成熟的计算机软件支持。考虑到经济冲击的特点，选择蒙特卡洛模拟方法对福建省饱和经济进行风险分析，下面是对蒙特卡洛模拟方法的简要介绍。

蒙特卡洛模拟法，又称随机抽样（random sampling）或统计试验（statistical testing）方法。其名字来源于摩纳哥的蒙特卡洛城，源于美国在第二次世界大战中研制原子弹的“曼哈顿计划”，Von Neuman 和 Ulam 对裂变物质的中子随机扩散进行模拟研究，并以世界闻名的赌城蒙特卡洛作为该项目研究的秘密代号。该方法起源于法国科学家普丰在 1777 年提出的一种计算圆周率的方法——随机投针法。蒙特卡洛模拟法通过设定随机过程（数据生成系统），反复生成时间序列，并计算参数估计量和统计量，进而研究其分布特征的方法。在风险概率分析各种方法中，蒙特卡洛模拟法是一种简单直观的分析方法，它借助人对未来事件的主观概率估计及计算机随机模拟，解决难以用数学分析方法求解的动态系统复杂问题。蒙特卡洛模拟法具有极大的优越性，已成为当今风险分析的主要工具之一。

蒙特卡洛模拟法满足模拟模型的一般特征，首先模型是对实际系统、思想或系统客体的抽象或描述，可以是确定型的模型和概率型的模型两种，在确定型的模型中，所有数据都是确定已知的或者假设为确定已知的，而在概率型模型中，某些数据由概率分布来描述。福建省饱和经济增长模型中，解释变量被认为是确定已知的，而风险冲击则假设为满足某种概率分布的特征。模型模拟是描述型的，它们对特定输入量集合直接评估系统性能或行为的各种量度，如图 3-1 所示，模型的输入量包括决策者决定的可控变量或确定变量，及表述问题的环境的不可控变量或常数，而对于模型本身则是基于一组假设建立。

蒙特卡洛模拟法的基本思路是从不同变量的分布中随机抽样，由这些随机抽样的值产生一组模拟的系统值，重复上述过程（成百上千甚

图 3-1　模拟模型的一般思路

至数万次）产生一系列系统值的分布，作为实际系统性能的指示，重复次数越多，模拟结果与实际情况越相近。抽样模拟次数越多，蒙特卡洛模拟法的计算精度越高，即需要很大的计算量才能达到较高的计算精度，不借助计算机程序，便难以普遍应用。采用蒙特卡洛模拟法进行风险分析的实施步骤一般是：

（1）通过敏感性分析，确定风险变量；

（2）通过特定的方法分析每一变量可能变化的范围并确定这些变化的概率分布，构造风险变量的概率分布模型；

（3）通过模拟试验，独立地为各风险变量抽取随机数，并将随机数按照概率分布模型转化为各输入变量的抽样值；

（4）将抽样值组成一组经济评价基础数据；

（5）根据基础数据计算出评价指标值；

（6）确定试验（模拟）次数以满足预定的精度要求，重复进行试验，整理试验结果所得项目评价指标值的期望值、方差、标准差和它的概率分布及累计概率，绘制累计概率图，即可求出项目可行或不可行的概率。

考虑到经济变量的特点，且风险分析变量为多个，为使计算结果更为精确，本书进一步运用蒙特卡洛（Monte Carlo）技术来处理预测方程的不确定性问题。在进行风险分析的过程中，某些项目具有规模大、影响因素多、周期长等特点，在这些项目中，很多因素都是随着时间不断发生变化的。对这些项目进行试验研究以期确定它在未来的发展风险是很困难的。蒙特卡洛模拟法的基本思路是通过设定随机过程，根据已知变量的概率分布取值，对未来可能发生的现象进行试验。试验中已知各解释变量的概率分布特征，利用蒙特卡洛程序包可以得到一个被解释变量的可能数值，得到实际上可能发生的一种情况，经过多次重复该过程（比如5000次），就可以得到输出变量的可能结果和可能发生的概率。

比如说：对于待分析的目标变量 Y，有 $Y=f(X_1, X_2, \cdots, X_n)$，其中 X_i，$i=1, 2, \cdots, n$ 是影响目标变量 Y 的风险因素（风险变量）。在大样本的情况下，每个风险变量服从一定的概率分布。根据每一个风险变量的概率分布和参数，利用蒙特卡洛模拟技术，可以产生许多组与该风险变量具有相同的概率分布和参数的数据，把这些数据代入方程中，就可以产生许多不同的 Y 值。根据风险分析的理论，对被解释变量的概率分布设定实际上对模拟计算结果的概率分布并无影响。在模拟过程中也发现，无论各解释变量的概率分布设定为何种形式得到的被解释变量的数据都呈现正态分布，模拟次数越多结果越接近。

本书协整技术对未来值的预测是基于历史趋势做出的，因而预测过程是静态的，仅仅反映了一种未来情景。蒙特卡洛技术可以克服这一缺陷。采用蒙特卡洛风险分析技术，我们首先需要确定各个解释变量的概率分布，然后运用一系列随机数对各解释变量的年增长率进行替换。接着对各解释变量可能的未来值和其概率分布进行估计，进而预测被解释变量的概率分布情况。本书将采用 Matlab7.0 软件进行蒙特卡洛模拟。

四、变量和数据来源

（一）变量选择

为了对中国钢铁工业未来的节能潜力进行预测，首先需要对能源效率进行准确测度。文献研究发现，能源强度指标（能源消费/GDP）通常被用作代表能源效率（Patterson，1996）。本书将钢铁工业能源强度

(EI) 指标定义为单位工业增加值能源消费量，用来测量钢铁工业的能源效率。能源强度越高，表示单位工业增加值需要的能源投入越多，能源使用效率越低；反之，能源强度越低，单位工业增加值需要的能源投入越少，能源使用效率越高。因此，低碳经济发展要求我们不断提高能源使用效率，降低能源强度。钢铁工业应用的能源资源包括煤炭、焦炭、石油、电力等 9 种类型，为了正确估计总能源消费量，本书将每种能源资源的单位都转化成标准煤单位。1 千克标准煤约含 7000 卡路里的热量，通过对各种能源资源热值的估计，我们可以得到中国钢铁行业的总能源消费量，进而计算能源强度指标。接下来我们将对能源强度的主要影响因素进行分析。

研发强度：技术进步是促进能源节约的最主要因素。实际上，技术进步和研发投入多少密切相关（Georg 和 Gunter，2007）。因而，研发投入是中国钢铁工业能源强度降低的关键因素之一。在钢铁工业规划中，研发支出也是反映技术进步的重要经济指标。本书将采用研发强度变量作为能源强度提高的解释变量之一，研发强度定义为研发支出占钢铁工业总销售收入的比例。在低碳经济的背景下，研发支出的目的表现出促进节能技术的更新和运用。在“十二五”期间，许多节能技术应用于钢铁工业，包括高炉预热回收、转炉余热再利用等。然而，虽然钢铁工业生产工艺已经发展得比较成熟，但在世界范围内仍然有许多新技术的应用是有限的（IEA，2007）。采用更加先进的节能技术将进一步提升中国钢铁工业的整体表现，进而降低能源强度（Ma 等，2002）。基于以上分析，本书假设中国钢铁工业研发强度提高，能源强度将下降。

劳动生产率：生产率一般的定义是一定数量的产出对投入的比例（OECD，2011）。根据 Boyd 和 Pang（2000）的研究，能源效率的提高依赖于全要素生产率的增长。Mukherjee（2008）研究了印度的制造业部门，结果发现劳动生产率的提高和更高的能源使用效率密切相关。当考虑到生产率的贡献时，美国钢铁工业的能源效率提高翻倍（Worrell 等，2003）。类似于 Mukherjee（2008）和 Lin 等（2011）的研究方法，本书采用工业增加值与工人人数比例来表示劳动生产率变量。中国钢铁工业单位工人工业增加值从 1985 年的 6900 元/人提高到 2010 年的 74000 元/人。然而，根据林伯强等（2011）的估计结果可知，中国钢铁工业的劳动生产率同日本相比，仍然有较大的差距。因此，虽然中国钢铁工业的劳动生产率已经有所提高，但是未来仍有进一步改善的空间。更进一步地考虑，中国钢铁工业发展还具有地区的不均衡特征，随着中西部的钢铁工业进一步发展，整体的劳动生产率仍然具有很大的改善空间。

产业集中度：产业集中度的提高对能源强度具有正的效应（Chen 和 Gu，2011）。由于钢铁工业的产品结构复杂，同时缺乏相应的统计数据，本书采用平均企业规模指标来表示产业集中度。平均企业规模由钢铁工业总销售收入除以总企业数得到。平均企业规模和能源强度表现为负的相关关系。一般而言，一方面，行业内企业数目越多，平均企业规模越小，意味着该行业更加分散，更具有竞争性。另一方面，较大的平均企业规模意味着行业的垄断性更强。从产业组织角度来看，大规模的垄断性企业一般较为成熟，因此会在节约能源上做更大投资。然而，如果该行业内小企业数目众多，企业间的竞争将更加激烈，各个企业将对扩大生产而不是节约能源更有兴趣。根据 Cai 等（2009）的研究可知，中国大多数中小企业存在流动性问题，一些企业基本上没有足够的资金用于研发和投资。根据《中国钢铁工业统计年鉴 2011》，2010 年中国大中型钢铁企业的平均能源消费量是 604.6 千克标准煤/吨，行业整体的平均能源消费量是 902.4 千克标准煤/吨。因此，尽管中国钢铁工业的技术水平已经较为先进，但是目前的产业集中度水平限制了节能技术的应用，因而阻碍了整体能源效率的提高（Wang 等，2007；Guo 和 Fu，2010）。

能源价格：根据需求理论，能源价格和能源强度具有负相关关系。一方面，当能源价格下降时，生产中能源投入将增加，能源强度将提高；另一方面，能源价格上涨将导致能源强度下降（Kaufmann，1992）。Hang 和 Tu（2007）的研究证明了中国能源资源存在负的交叉价格弹性，提高能源价格对能源效率具有促进作用。由于数据的缺失，本书使用原材料和燃料价格指数来表示能源价格。

本章没有考虑能源替代效应和节能投资对能源强度的影响。首先，忽视能源替代效应对能源强度影响的原因有二。第一，从能源资源使用角度，在钢铁工业，煤炭和焦炭等资源不仅仅作为燃料，同时还作为生产原料，两种用途很难从统计上加以区分。第二，在研究区间，中国钢铁工业的能源结构基本上保持一致，在下面章节中，会对中国钢铁工业的能源替代效应进行深入分析。其次，节能投资也是能源强度的另一影响因素，然而，基于统计数据的原因，本章的模型中没有考虑该变量。此外，近年来中国政府和企业才开始逐渐重视节能投资，在本章的长期模型中忽视该变量的影响较小。

（二）数据来源

本章采用的是1985—2010年中国钢铁工业的年度数据。所有数据来自于《中国统计年鉴》（1985—2011年）、《中国钢铁工业年鉴》（1985—2011年）、《中国科技统计年鉴》（1985—2011年）和CEIC中国数据库。基于一致性考虑，所有变量都转化到1985年的价格水平。

五、实证分析

（一）协整检验

本章模型共五个变量，被解释变量为能源强度（EI），解释变量为研发强度（RI）、劳动生产率（LP）、产业集中度（ES）和能源价格（P）。为了检验各个变量的稳定性，首先要进行单位根检验，各个变量的单位根检验如表3-1所示。检验结果表明五个变量都是一阶稳定的，因此我们可以继续进行JJ协整检验。

表 3-1 **单位根检验**

系列	ADF 检验		PP 检验		KPSS 检验	
	无趋势	有趋势	无趋势	有趋势	无趋势	有趋势
lnEI	-0.410878	-2.311547	-0.442595	-1.718263	0.465219*	0.166131**
lnRI	-2.027153	-1.509909	-1.963672	-1.364539	0.552282**	0.160280**
lnLP	0.579693	-3.125311	0.627801	-1.621212	0.681952**	0.178030**
lnES	0.132794	-2.522788	0.518933	-2.571959	0.746240***	0.137772*
ln*P*	-1.295614	-1.370755	-1.357797	-1.351162	0.715475**	0.167458*
⊿lnEI	-3.721619**	-4.304328**	-3.444934**	-3.438772*	0.179216	0.055541
⊿lnRI	-5.682693***	-6.130511***	-5.720698***	-6.549842***	0.307688	0.500000***
⊿lnLP	-2.839375*	-3.529107*	-3.155204**	-3.332589*	0.275417	0.102421
⊿lnES	-5.354800***	-5.240195***	-5.498771***	-5.383687***	0.167979	0.124750*
⊿ln*P*	-4.970149***	-5.258948***	-4.972682***	-5.391155***	0.190390	0.078951

注：(1) 本书采用 EViews6.0 进行单位根检验，⊿ 变量的一阶形式。

(2) ADF 检验的临界值为：在 5%的显著水平下，考虑常数（趋势）-2.998 (-3.622)；在 1%的显著水平下，考虑常数（趋势）-3.753 (-4.416)。

(3) KPSS 检验的临界值为：在 5%的显著水平下，考虑系数（趋势）0.463 (0.146)；在 1%的显著水平下，考虑系数（趋势）0.739 (0.216)。

(4) ***、**、和 * 分别表示在 1%、5%和 10%的显著水平下是显著的。

为了分析变量间的协整关系，首先必须建立一个无约束向量自回归模型（VAR）（Belloumi，2009）。根据表 3-2 的六个准则：LogL、LR（sequential modified LR test statistic）、FPE（Final prediction error）、AIC（Akaike information criterion）、SC（Schwarz information criterion）和 HQ（Hannan-Quinn information criterion）准则来确定变量的最优滞后阶数。

表 3-2 **滞后阶数选择**

阶数	LogL	LR	FPE	AIC	SC	HQ
0	-10.0951	NA	2.42E-06	1.257925	1.503353	1.323037
1	97.10594	160.802*	2.71e-09*	-5.592162*	-4.119594*	-5.201489*
2	120.4695	25.31049	4.25E-09	-5.45579	-2.75608	-4.73956

注：(1) 内生变量包括 lnEI、lnRI、lnLP、lnES 和 lnLP；外生变量为 C；样本区间为 1985—2010 年。

(2) * 表示该准则下选择的阶数。

接下来，应用迹检验和最大特征值检验来估计协整关系的数目并建立协整方程。迹检验和最大特征值检验的结果如表 3-3 所示。两个检验统计量在 5%的显著水平上结果一致，表示变量间存在 3 个协整关系。

表 3-3 **Johansen 协整检验**

无约束协整检验（迹检验）				
假定的 CE 数量	特征值	迹统计量	0.05 临界值	概率**
无*	0.962812	168.8022	88.8038	0
最多 1 个*	0.801659	93.09138	63.8761	0
最多 2 个*	0.778224	55.88272	42.91525	0.0016
最多 3 个	0.525687	21.24275	25.87211	0.1694
最多 4 个	0.162815	4.087326	12.51798	0.7294
无约束协整检验（最大特征值检验）				
假定的 CE 数量	特征值	最大特征值统计量	0.05 临界值	概率**
无 *	0.962812	75.71082	38.33101	0
最多 1 个*	0.801659	37.20866	32.11832	0.0109
最多 2 个*	0.778224	34.63997	25.82321	0.0027

续表

假定的 CE 数量	特征值	最大特征值统计量	0.05 临界值	概率**
最多 3 个	0.525687	17.15542	19.38704	0.1025
最多 4 个	0.162815	4.087326	12.51798	0.7294

注：(1) 迹检验表示在 5%的显著水平上存在 3 个协整方程。

(2) 最大特征值检验表示在 5%的显著水平上存在 3 个协整方程。

(3) * 表示在 5%的显著水平上拒接原假设。

(4) ** 表示 P 值来自于 MacKinnon-Haug-Michelis (1999) 的研究。

在经济分析中，我们必须选择具有经济含义的协整方程（Hendry 和 Juselius，2001）。通过理论分析发现，在 3 个协整方程中仅有一个具有期望的符号并具有经济含义。该协整方程表示如下：

$$\ln EI = -0.187\ln RI - 0.686\ln LP - 0.230\ln ES - 0.07\ln P + 0.10@Trend \tag{3-10}$$

(0.02581) (0.03286) (0.05632) (0.04110) (0.00953)

从公式（3-10）可以看出，该协整方程的各个系数都通过了 T 检验，是统计显著的。因此，从公式（3-10）中可以得到中国钢铁工业的几个基本结论。

第一，根据协整方程，1985—2010 年中国钢铁工业的能源强度、研发强度、劳动生产率、产业集中度和能源价格五个变量之间存在着长期稳定的均衡关系。

第二，各个被解释变量的系数都为负，表示研发强度、劳动生产率、产业集中度和能源价格都对能源强度有负的影响。换句话说，各弹性系数表明研发强度、劳动生产率、产业集中度和能源价格上升 1%，将分别带来能源强度 0.187%、0.686%、0.230%和 0.070%的下降。

第三，在能源强度的四个影响变量中，弹性系数表示劳动生产率因素对能源强度下降的影响最大。研发强度和产业集中度变量对能源强度的影响相对较小。原因在于钢铁工业研发支出的比例相对较低，同时增长较为缓慢。能源交叉价格弹性系数在各个变量中最小，原因可能在于中国能源价格一直受政府管制，因此价格对节能的作用也受到限制。

（二）稳定性检验

为了保证所选模型的准确性，还必须验证 VAR 模型的稳定性。本章采用系数矩阵的特征根来分析结果的稳定性。图 3-2 给出了稳定性检验的结果，表明所有的特征根都小于 1，同时没有特征根位于单位圆外部。

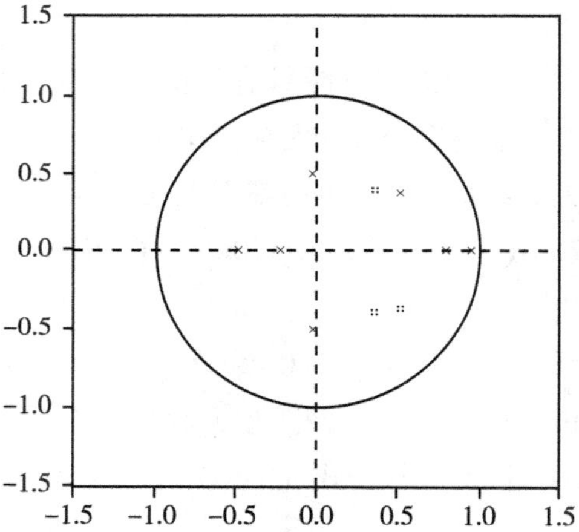

图 3-2　VAR 模型单位根分布情况

图 3-3 给出了 CUSUM 和 CUSUMSQ 统计量分布图，也表明模型在 5%的显著水平下是稳定的。结合图 3-2 和图 3-3，本章的 VAR 模型满足稳定性条件。因此，由 VAR 模型得到的公式（3-10）的参数是有效的。

（三）模型的拟合性

为了检验模型的拟合程度，本书将各个解释变量（研发强度、劳动生产率、产业集中度和能源价格）的历史数据代入公式（3-10）中，

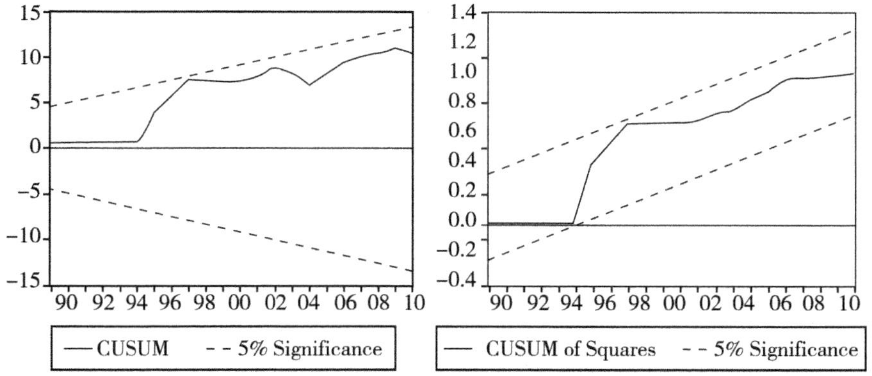

图 3-3　CUSUM 统计量和 CUSUMSQ 统计量

得到中国钢铁工业能源强度的拟合值，表示在图 3-7 中。通过对能源强度的真实值和拟合值的比较可以发现，公式（3-10）的拟合程度较好，可以用于预测。

图 3-4 还根据各个解释变量的历史趋势对 2011—2020 年的能源强度进行了预测。本书将根据各解释变量 1985—2010 年的平均增长率进行预测的情景设置为基准情景。换句话说，基准情景表示，每个解释变量在 2011—2020 年仍保持历史平均增长率，被解释变量通过公式(3-10)进行估计得到。

在基准情景下，研发强度、劳动生产率、产业集中度和能源价格的年平均增长率分别为 3%、14%、17% 和 7%。预测区间为 2011—2020 年，这一时期为中国经济转型的关键时期，本书的预测能够为中国钢铁工业的节能政策提供有利的依据。根据估计的结果，在基准情景下，中国钢铁工业的能源强度将从 2010 年的 22. 5 吨标准煤/万元下降到 2020 年的 17. 09 吨标准煤/万元，未来能源强度下降的主要影响因素是劳动生产率的提高。

（四）蒙特卡洛模拟

上节的预测建立在各解释变量确定的年增长率基础上。然而，各解

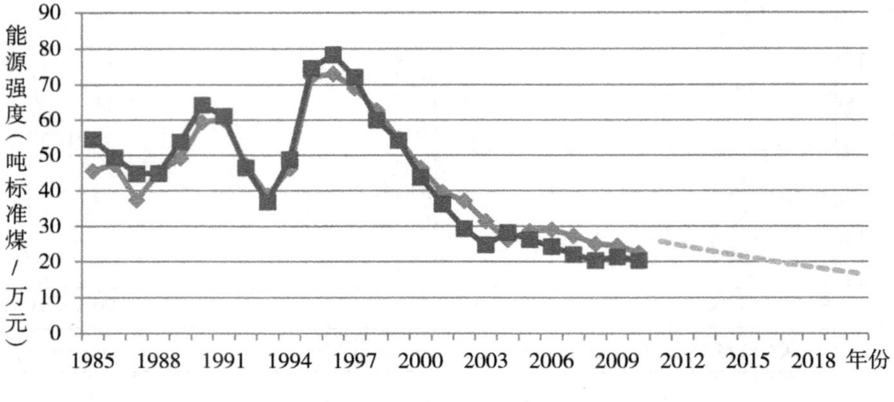

图 3-4 中国钢铁工业能源强度的真实值、拟合值和预测值

释变量的年增长率是不确定的。因此，本小节运用蒙特卡洛模拟技术预测 2020 年中国钢铁工业能源强度的概率区间。

蒙特卡洛技术的关键步骤是根据各个变量的分布进行随机抽样。经验验证大多数经济变量是随机正态分布。各个变量年增长率的均值和标准差如表 3-4 所示。

表 3-4 **各解释变量的统计特征**

变量	样本数	均值	标准差	最小值	最大值
dlnRI	25	0. 021764	0. 247839	−0. 72914	0. 403442
dlnLp	25	0. 094864	0. 156628	−0. 2566	0. 269736
dlnES	25	0. 137133	0. 179939	−0. 15958	0. 663722
dln*P*	25	0. 100006	0. 127294	−0. 11429	0. 549714

本书运用蒙特卡洛模拟得到的随机数来表示各解释变量的年增长率，根据各解释变量的年增长率，可以得到 2020 年被解释变量（能源强度）的可能值。将该过程重复 5000 次，可以得到 5000 组关于各个解

释变量年增长率的随机数，进而可以得到 2020 年被解释变量的概率分布。图 3-5 和图 3-6 表示 2020 年中国钢铁工业能源强度的分布直方图和累积概率分布。

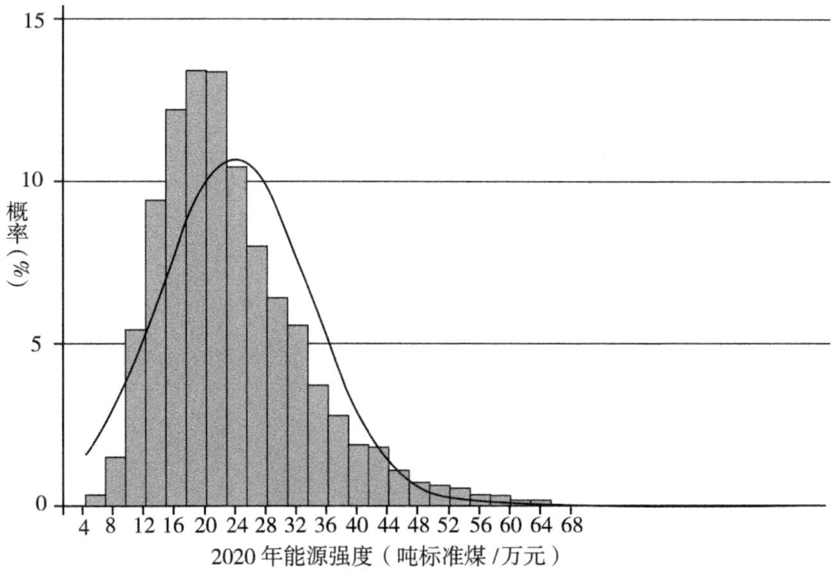

图 3-5　中国钢铁工业 2020 年能源强度概率分布

从图 3-5 中可以看出，2020 年中国钢铁工业能源强度最大概率分布区间为［16，20］吨标准煤/万元，落在该区间的概率超过 14%。在基准情景下，2020 年能源强度的预测值为 17.09 吨标准煤/万元，正好落在该区间内，因此进一步验证了预测的合理性。

从图 3-6 中可以看出，如果各解释变量保持历史增长趋势，2020 年中国钢铁工业能源强度小于 70 吨标准煤/万元的概率为 100%，小于 10 吨标准煤/万元的概率趋近于 0。

接下来，我们将运用情景分析方法对中国钢铁工业的节能潜力进行进一步预测。

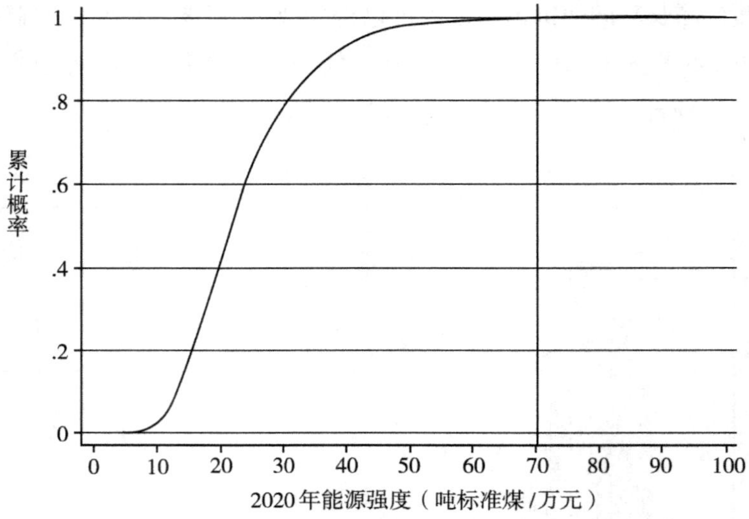

图 3-6　中国钢铁工业 2020 年能源强度累积概率分布

（五）节能潜力预测

首先，在前文的基准情景基础上进一步设计不同情形。由于中国钢铁工业“十二五”规划提出了严苛的能源效率目标，在此基础上我们设计两个不同的能源强度发展情景：适度情景和高度情景，如表 3-5 所示。

表 3-5　**能源强度的情景设计**

变量	基准情景	适度情景	高度情景
RI	3%	5%	6%
LP	14%	18.00%	22%
ES	17%	19.50%	22%
P	7%	11.5%	16%

高度情景表示最有效的节能政策的实施带来能源强度变动的最优情

景。在该情境下，各个解释变量的未来值根据历史最高年增长率进行估计。由于中国政府每五年制定经济发展规划，经济政策在五年规划中也基本保持一致，本书根据各解释变量在“十一五”期间的变动趋势来估计年增长率。在“十一五”期间，研发强度、劳动生产率、产业集中度和能源价格的最高年增长率分别为6%、19%、22%和16%。在高度情景下，政府将采用一系列政策保证各个变量分别按该增长率保持增长。适度情景介于基准情景和高度情景之间。各个变量未来的增长率设定为基准情景和高度情景下的平均值。

根据以上的能源强度情景设置，利用公式（3-10），我们可以得到不同情景下的能源强度预测，预测结果如表3-6和图3-7所示。

表3-6　**中国钢铁工业能源强度预测（吨标准煤/万元）**

情景设置	2015年	2020年
基准情景	21.47	17.09
适度情景	17.92	11.9
高度情景	15.01	8.35

根据上文的能源强度的预测结果，本章接下来将对未来的钢铁工业能源节约量进行进一步预测。为了估计未来的能源节约量，这里将再次进行两个节能情景的设定。在适度的节能情景下，钢铁工业的能源消费量从能源强度的基准情景向适度情景过渡。在高度节能情景下，钢铁工业的能源消费量从能源强度的基准情景向高度情景过渡。

本章中未来能源节约量表现为不同情景下能源强度的差异，可以由以下等式计算得到：

$$ESP = (EI_t - EI_{BAU}) \cdot VA_t \quad (3\text{-}11)$$

其中，ESP表示能源节约量，EI表示能源强度，VA表示工业增加值。

根据公式（3-11），要进行未来能源借阅量计算，必须首先对工业增加值进行预测。根据中国《钢铁工业“十二五”发展规划》的设定，预测区间内中国钢铁工业的增加值增长率为10%。采用该增长率，计

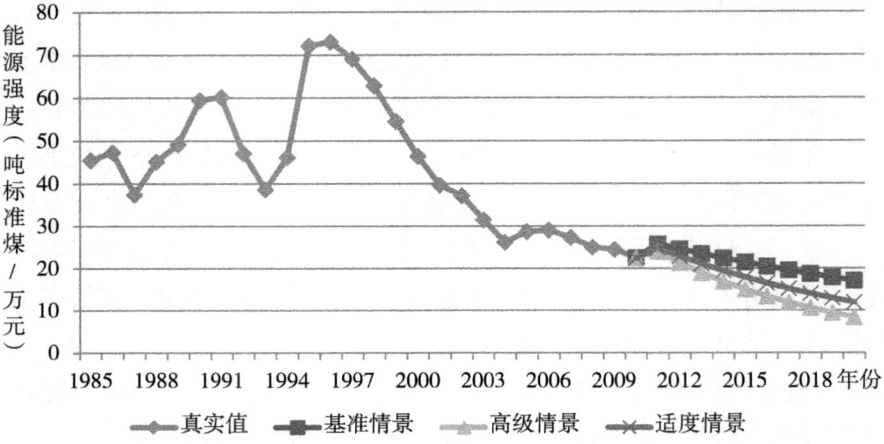

图 3-7 不同情景下的中国钢铁工业能源强度变化趋势

算得到的 2015 年和 2020 年中国钢铁工业的增加值分别为 4118 亿元和 6632 亿元。

为了进一步分析中国钢铁工业的能源节约对社会整体能源需求的影响，还需要进行中国总能源需求的估计。蒋竺均和林伯强（2012）运用协整方法对中国整体能源需求进行了预测，结果表明总能源需求量分别为 2015 年 4020 百万吨标准煤和 2020 年 4863 百万吨标准煤，本书采用该预测结果。

接下来，根据中国钢铁工业能源强度的预测结合和公式（3-11），得到的不同节能情景下的中国钢铁工业节能量和对整体能源需求的影响估计结果如表 3-7 所示。

表 3-7 **中国钢铁工业的节能量和对能源需求的影响预测**

年份	适度情景		高度情景	
	能源节约量（百万吨标准煤）	占总能源需求比例	能源节约量（百万吨标准煤）	占总能源需求比例
2015	146.33	3.64%	266.08	6.62%
2020	344.05	7.35%	579.43	12.37%

从表3-7中可以看出，中国钢铁工业未来的节能潜力显著。如果钢铁工业能源强度从基准情景转变为适度情景，2015年将节约146.33百万吨标准煤，占当年总能源需求的3.64%。如果钢铁工业能源强度从基准情景转变为高度情景，2015年将节约266.08百万吨标准煤，占当年总能源需求的6.62%。与林伯强等（2011）的估计结果相比，本书的2015年预测结果和其情景A下的结果相似。在能源强度的适度情景和高度情景下，2020年中国钢铁工业的能源需求量为789.12百万吨标准煤和553.75百万吨标准煤，如果钢铁工业能源强度从基准情景转变为适度情景和高度情景，将会带来344.05百万吨标准煤和579.43百万吨标准煤的能源节约。本书对于中国钢铁工业2020年能源需求的估计结果与Wen等（2014）相比略高，Wen等（2014）的结果是综合政策和强力政策下分别为430百万吨标准煤和409百万吨标准煤。这种差别的主要原因在于Wen等的预测是建立在对2011—2020年的粗钢产量进行模拟的基础上的，然而该模拟大大低于实际数量，例如2011年和2012年的模拟粗钢产量为659百万吨和673百万吨，而实际粗钢产量①为702百万吨和716.5百万吨。

六、本章小结

本章主要运用协整技术和情景设置方法分析了中国钢铁工业的能源强度和未来能源节约潜力。运用协整技术，我们分析了中国钢铁工业的能源强度的长期影响因素，结果表明研发强度、劳动生产率、产业集中度和能源价格的提高都会降低能源强度。蒙特卡洛模拟结果解决了协整模型存在的风险问题，对于中国的钢铁工业，更加严苛的节能政策将有利于能源效率提高。情景分析的结果证明了，在一系列节能措施的实施下，中国钢铁工业的能源强度将进一步下降，带来显著的节能量。

主要的结论和相应的政策建议可以总结为以下三点：

① 实际粗钢产量数据来自于2013年国际钢铁协会统计数据。

第一，中国钢铁工业是典型的资源、能源和技术密集型生产部门。该部门的劳动生产率提高得益于中国的工业化和机械化过程。尽管在1985年到2020年间，钢铁工业劳动生产率显著提高，本书的实证结果也表明劳动生产率对能源强度的贡献最大（系数值为-0.689），但我们仍然有必要进一步提高该部门的劳动生产率。通过提高工人对新技术的应用能力，不断培育知识型工人等手段来进一步促进先进节能技术的推广使用。

第二，研发强度和产业集中度也是中国钢铁工业节能的重要影响因素（研发强度和产业集中度的系数分别为-0.187和-0.23）。钢铁企业还需要继续增加技术投入，进一步扩大研发支出比例。在“十二五”期间，研发支出方向要集中在关键的节能技术上，比如高压干熄焦技术、煤调湿技术、余热回收和冶金渣利用技术等。此外，研发支出还应该服务于优化产品结构，生产更多高附加值产品，降低钢铁工业整体的单位产出能源消费量。对于政策制定者，政策调整的目标应放在消除落后产能和促进企业兼并上面，同时对大型企业的技术设备升级和节能投资提供财政支持。

第三，虽然能源价格的弹性系数较小（-0.07），但是能源价格对钢铁工业节能的影响不容忽视。提高能源价格将对能源强度下降有所帮助。目前，中国的煤炭价格已经放开，由市场的供给和需求决定煤炭价格。然而中国的工业电价仍然受政府控制，和发达国家相比，中国的工业电价仍然处于较低水平。因此，短期内，政府需要取消能源密集型工业的优惠电价政策，促进工业节能实践。在比较长的时间内，政府还需要进一步促进能源价格体系改革，向能源价格市场化方向努力。

第四章　中国钢铁工业的全要素能源效率预测

一、全要素能源效率：文献综述

根据世界能源委员会出版的《应用高技术提高能效》一书，能源效率（energy efficiency）指的是“减少提供同等能源服务的能源投入”。Bosseboeuf 等（1997）进一步将能源效率划分为能源技术效率（energy technical efficiency）和能源经济效率（energy economic efficiency）。能源技术效率也称为能源系统效率，是从物理学角度考虑能源利用中的有效能源与实际能源投入之间的比值。由于能源开采效率的定义难以确定，现阶段通常使用能源生产和中间环节的效率与终端利用效率的乘积来表示能源技术效率。能源经济效率一般用能源强度（energy intensity）指标简单表示，是指单位经济产出所消耗的能源量，能源强度即为能源经济效率的倒数，能源强度越高能源经济效率就越低，现阶段常用的有单位 GDP 能源消费、单位产品能源消费、单位服务量能源消费，等等。

近年来随着对于能源经济效率研究的发展，许多人认为仅仅运用能源强度不能够有效反映能源的经济效率，便逐渐开始在生产函数框架下，运用全要素方式对能源经济效率进行评价。本书关注的就是考虑多种生产要素和产出之间关系的全要素能源效率（total factor energy efficiency）。全要素能源效率的概念最早由 Hu 和 Wang（2006）基于数据包络分析（DEA）方法首次提出的，将能源作为额外的投入要素引入效率测度中。此后许多文献致力于在多要素的基础上进行能源效率研究。根据研究方法的不同，全要素能源效率的现有研究可以分为两类：数据包络分析（DEA）和随机前沿分析（SFA）。两种研究方法的基本思想是一致的，首先对有效的前沿进行估计，能源效率表示为实际能源投入和有效前沿水平的差距，再基于研究和分析问题的重点不同，选择不同的方法。

DEA 方法是一种非参数的数学规划方法，因此 DEA 方法可避免模型错误识别问题。许多文献采用该方法对不同地区、不同时间维度上的工业部门的能源效率进行了估计。A. Azadeh 等（2007）通过整合 DEA 方法、主成分分析（PCA）方法和数值分析（NT）方法对主要 OECD 国家的能源密集工业部门的能源效率进行了评价。结果表明澳大利亚石油加工工业（1991 年、1993 年和 1995 年）的能源效率处于效率的前沿水平。Shi 等（2010）运用 DEA 方法对中国工业部门的能源效率进行了研究，结果表明在 2000—2006 年，东部地区工业的能源效率最高，工业生产结构和纯技术效率是工业部门能源浪费的两大主要因素。类似的，F. Hernández-Sancho 等（2011）对西班牙废水处理工业的能源效率进行了估计，结果该部门的能源效率仅为 10%，造成能源非效率的主要原因在于企业规模和有机物去除量两个指标。O. A. Olanrewaju 等（2012）运用指数分解（IDA）方法、神经网络（ANN）方法和 DEA 方法对加拿大 15 个工业部门的能源效率进行了估计和预测。Toshiyuki 和 Mika（2012）根据对日本火电企业的能源效率估计对企业进行了排序，结果表明日本火电企业的能源效率在 2005—2009 年几乎保持不变。Benyamin 等（2013）应用 DEA 方法对伊朗温室黄瓜生产的能源效率进行了评价。Chang 等（2013）采用 DEA 方法验证了中国交通运输部门的能源效率，结果表明大多数省份的能源效率低于 50%。

SFA 方法是一种考虑随机误差影响的参数化方法，可以对各种非效率因素的影响进行识别。因此，该方法在估计全要素能源效率上具有更高的辨别能力（周鹏等，2012；林伯强和杜克锐，2013）。对于不同工业应用该方法进行能源效率评价的文献也有很多。Maria 等（2002）运用科布道格拉斯形式的 SFA 模型对西班牙工业部门的能源效率进行了估计，认为必须应用能源规制政策进行节能减排。J. Buck 和 D. Young（2007）对加拿大商业建筑的研究表明能源使用效率较高，同时建筑所有权和经济活动是影响能源使用效率的主要因素。Boyd（2008）分析了湿玉米磨粉企业的能源效率，研究表明 SFA 方法能避免能源强度定义上存在的弊端。另外，Boyd 等（2008）进一步应用 SFA 方法对美国制造业的能源效率进行了评价。结合方差分解方法，Shi 等（2008）估计了 1980—2005 年中国能源效率的主要影响因素，结果表明全要素生产率、资本能源比和劳动能源比的贡献程度分别为 36.54%、45.67% 和 17.89%。何晓萍（2011）讨论了中国所有工业部门 1994—2008 年的能源效率，认为重工业的能源投入效率明显低于轻工业，因此重工业具有更大的节能潜力。运用 SFA 方法，Alfonso 等（2012）分析了西班牙食品、纺织、化工和非金属矿物制品业的能源效率，由于技术非效率导致的各个部门的节能潜力约为 20%。Massimo 和 Lester（2012）认为能源强度不能够正确地表示能源效率，因此运用 SFA 方法研究美国居民部门 1995—2007 年的能源效率。林伯强和杨莉莎（2013）同样将 SFA 方法应用于中国火电行业，结果表明 2005—2010 年的平均能源效率大约为 0.85。

文献研究发现，对于中国钢铁工业全要素能源效率的研究仅有几篇。史红亮和陈凯（2011）采用 DEA 方法，估计了中国钢铁工业 1992—2008 年的能源效率，结果表明该行业具有巨大的能源效率提高潜力。基于超效率 DEA 模型，韩一杰和刘秀丽（2011）运用 Malmquist 效率指数进一步分析了中国钢铁工业能源效率的变动趋势，认为虽然整体能源效率水平不高，但存在上升趋势。采用相同方法，张庆芝等（2012）研究了 27 家中国钢铁企业的能源效率。从以上文献分析发现，关于中国钢铁工业全要素能源效率的研究文献局限于使用 DEA 技术。本书将采用 SFA 方法进一步研究中国钢铁工业的能源效率，分析非效率因素对能源效率的作用，并为钢铁工业提高能源效率提供相应的政策支持。

二、理论模型的建立

能源效率测度是节能减排研究的基础，能源效率测度可分为单要素能源效率和全要素能源效率（史红亮和陈凯，2011）。传统的能源效率的研究都是在单要素能源效率基础上进行的，但事实上，考虑生产过程中各生产要素影响的全要素能源效率指标能更好地反映客观现实，能源效率的提高也依赖于全要素生产效率的改善（Hu 和 Wang，2006；Gale，2000）。

为了分析中国钢铁工业全要素能源效率，本书将尝试对中国钢铁工业建立一个过度能源投入模型（Lin 和 Wang，2014）。在对生产效率的研究中，Debreu（1951）提出了基于产出方向的技术效率测度方法，Farrell（1957）提出了基于投入方向的测度方法，两者被统一称作 Debreu-Farrel 效率，成为生产效率分析的基础（Kumbhakar，2000）。如果投入要素包括资本（K）、劳动（L）和能源（E），则投入距离函数可以表示为 $D_I(E,\ K,\ L,\ Y)=\sup\{\beta:\ (E/\beta,\ K,\ L,\ Y\in P^I\}$（Lin 和 Du，2013）。对于可行产出，有 $D_I\geqslant 1$。如果投入位于生产边界，$D_I=1$。如果在边界内部，$D_I>1$，则表示存在技术非效率。

本书假定距离函数为超越对数形式。根据 Coellia 和 Perelman（1999）的研究，本书建立了一个多投入单一产出的生产环境，具体的距离函数可以表示为：

$$\ln D_I=\beta_0+\beta_y\ln Y+\sum_i\beta_i\ln X_i+\frac{1}{2}\sum_i\sum_j\beta_{ij}\ln X_i\ln X_j+\frac{1}{2}\beta_{yy}(\ln Y)^2+\sum_i\beta_{iy}\ln X_i\ln Y+\beta_t T+\frac{1}{2}\beta_{tt}T^2+\sum_i\beta_{it}\cdot T\cdot\ln X_i+\sum_i\beta_{ty}\cdot T\cdot\ln Y \tag{4-1}$$

其中，X_i 表示生产投入要素，Y 表示产出。公式（4-1）除满足 $\ln D_I\geqslant 0$ 之外，还要满足以下条件：

$$\sum_j\beta_{ji}=\sum_i\beta_{iy}=\sum_i\beta_{it}=0\ ,\quad \beta_{ij}=\beta_{ji},\quad i\neq j \tag{4-2}$$

如果用能源（E_{it}）、资本（K_{it}）和劳动（L_{it}）代替投入要素 X_i，同时假设能源投入是线性齐次的，公式（4-1）可以转化为：

$$-\ln E_{it} = f(\cdot) - \ln D_I \qquad (4\text{-}3)$$

在公式（4-3）中引入统计误差 v_t，令 $\ln D'_{it} = u_{it}$，$u_{it} \geqslant 0$。

$$\ln E_{it} = -f(\cdot) + u_{it} + v_{it} \qquad (4\text{-}4)$$

公式（4-4）是 Aigner 等（1977）提出的随机前沿函数的基本形式。公式（4-4）可以进一步表示为：

$$\ln E_{it}^{\alpha} = \beta_0 + \beta_y \ln Y_{it} + \beta_k \ln K_{it} + \beta_l \ln L_{it} + \frac{1}{2}\beta_{yy}(\ln Y_{it})^2 + \frac{1}{2}\beta_{yy}(\ln K_{it})^2$$
$$+ \frac{1}{2}\beta_{yy}(\ln L_{it})^2 + \beta_{kl}\ln K_{it} * \ln L_{it} + \beta_{yk}\ln Y_{it} * \ln K_{it} + \beta_{yl}\ln Y_{it} * \ln L_{it}$$
$$+ \beta_t T + \frac{1}{2}\beta_{tt}T^2 + \beta_{ty}T\ln Y_{it} + \beta_{tk}T\ln K_{it} + \beta_{tl}T\ln L_{it} + u_{it} + v_{it}$$
$$(4\text{-}5)$$

公式（4-5）就是本书将采用的关于能源投入的随机前沿模型。把公式（4-5）进行转化：

$$E_{it}^{\alpha} = f(Y_{it}, K_{it}, L_{it}, Z_{it}, \beta)e^{u_{it}+v_{it}} \qquad (4\text{-}6)$$

这里，$f(\cdot)$ 表示能源需求函数，代表能源要素投入的确定性前沿部分。Z_{it} 表示其他外部因素。当产出水平既定，本书将确定性前沿作为衡量基准，将生产过程中实际能源投入超过确定性前沿部分视作过度能源投入。由于在模型中实际观测误差为混合误差（$u_{it} + v_{it}$），因此非效率影响需要被分离出来。根据以往分解方法，全要素能源效率和相应的节能潜力分别表示为：

$$Eff_{it} = \frac{E(E_{it} \mid u_{it} = 0, Y_{it}, K_{it}, L_{it}, Z_{it})}{E(E_{it}^{\alpha} \mid u_{it} \neq 0, Y_{it}, K_{it}, L_{it}, Z_{it})} = \exp(-u_{it}) \qquad (4\text{-}7)$$

$$\mathrm{CONSERV}_{it} = E(E_{it}^{\alpha}) \cdot (1 - Eff_{it}) \qquad (4\text{-}8)$$

在公式（4-7）中，$E(\cdot)$ 表示条件期望，Eff_{it} 表示能源投入非效率。公式（4-8）表示相应的节能潜力。

根据公式（4-6）可以得到：

$$u_{it} = z_{it}\delta + \varepsilon_{it}, \quad u_{it} > 0 \tag{4-9}$$

$$u_{it} \sim iidN(z_{it}\delta, \sigma_u^2), \quad \varepsilon_{it} \sim iidN(-z_{it}\delta, \sigma_u^2)$$

v_{it} 服从均值为零，方差为 σ_v^2 的正态分布。u_{it} 由线性回归模型（4-9）来解释，z_{it} 是由非效率解释变量构成的向量，δ 表示参数向量（Battese 和 Coelli，1995）。

三、变量和数据来源

本书运用省际面板数据对中国钢铁行业的能源投入效率和节能潜力进行实证分析。由于部分省市数据缺失严重，故样本为 2005—2011 年钢铁行业的省际面板数据。数据主要来源于《中国钢铁工业统计年鉴》《中国工业经济统计年鉴》《中国统计年鉴》和各省市统计年鉴，其中，部分上海数据来源于《上海产业能效指南》。各省份钢铁行业经济投入产出数据均折算为 2005 年的不变价格并取对数。主要变量总结在表 4-1 中。

表 4-1　　　　**变量描述**

	变量	名称	样本量	均值	标准差	最小值	最大值
效率变量	现价工业总产值（亿元）	Y	182	1185.959	1519.007	31.46	11068.99
	能源投入（万吨标准煤）	E	182	1748.872	1761.396	201.042	9910.951
	资本存量（亿元）	K	182	438.492	518.935	13.011	3739.031
	全部从业人员平均人数（万人）	L	182	9.960	10.333	1.32	54.72

续表

	变量	名称	样本量	均值	标准差	最小值	最大值
非效率变量	行业集中度	CONR	182	4.516	2.967	0.225	20.586
	所有制结构	SOE	182	0.432	0.234	0.010	0.930
地区变量	东部	D1	北京、天津、河北、上海、山东、福建、广东				
	东北部	D2	黑龙江、辽宁、吉林				
	中部	D3	山西、安徽、河南、江西、湖北、湖南				
	西部	D4	内蒙古、陕西、重庆、甘肃、青海、宁夏、新疆、广西、贵州、云南				

（一）工业产出

考虑到钢铁工业生产中包含能源投入这一中间产品，本书采用钢铁工业总产值作为产出指标，各省市的总产值数据分别来自于各省市统计年鉴。为了消除价格因素的影响，我们使用历年冶金工业品出厂价格指数对原始数据进行平减，将其转换为2005年不变价的实际工业产出。

（二）能源投入

本书使用总能源消费数据来表示能源投入。各个能源资源数据同样来自于各省市统计年鉴，个别缺失的数据通过线性插值法获得。非标量能源换算标准煤参考系数如表4-2所示。当进行电力单位转换时，本书选择能源热值标准进行计算，因此转化系数为0.1229千克标准煤/千瓦时。

（三）资本投入

关于我国资本存量估算的现有研究很多，包括贺菊煌（1992），邹至庄（Chow，1993），任若恩和刘晓生（1997），张军和章元（2003），张军等（2004）等。然而，没有关于钢铁行业资本存量的相关研究，因此本书按照如下方法估计钢铁工业分省区的资本存量数据。

表 4-2 **各种能源资源折标准煤系数**

系数	原煤	焦炭	原油	汽油	煤油	柴油	燃料油	天然气	电力
平均低位发热量	20.908 千焦/(5000 千卡)/千克	28.435 千焦/(6800 千卡)/千克	41.816 千焦/(10000 千卡)/千克	43.070 千焦/(10300 千卡)/千克	43.070 千焦/(10300 千卡)/千克	42.652 千焦/(10200 千卡)/千克	41.816 千焦/(10000 千卡)/千克	3.893 千焦/(9310 千卡)/立方米	3.600 千焦/(860 千卡)/千瓦时
转化系数	0.7143 千克标准煤/千克	0.9714 千克标准煤/千克	1.4286 千克标准煤/千克	1.4714 千克标准煤/千克	1.4714 千克标准煤/千克	1.4571 千克标准煤/千克	1.4286 千克标准煤/千克	1.3300 千克标准煤/立方米	0.1229 千克标准煤/千瓦时

资料来源：《中国能源统计年鉴》（2012）。

永续盘存法（PIM）最早由 Goldsmith（1951）提出，后来被广泛应用于资本存量估计。它的核心假设是采用相对效率几何下降的模式，此时重置率为常数，生产性资本存量的基本估计公式可以表达为：

$$K_t = K_{t-1}(1 - \delta_t) + I_t \tag{4-10}$$

其中，K_t 表示第 t 年的资本存量，K_{t-1} 表示第 $t-1$ 年的资本存量，I_t 表示第 t 年的投资，δ_t 表示第 t 年的折旧率。因此估计资本存量需要以下四个变量：（1）基期的资本存量。类似于张军等（2004）的方法，本书采用 2005 年钢铁工业固定资产净值的数据作为基期资本存量，该数据可以直接从统计年鉴获得。（2）历年投资数据。采用文献王玲（2004）、单豪杰（2008）的方法，投资序列数据 I_t 等于第 t 年的固定资产原值减去第 $t-1$ 年的固定资产原值。（3）投资品价格指数。该数据同样可从统计年鉴直接获得。（4）折旧率。折旧率的确定同样采用张军等（2004）的方法，确定为 9.6%。

（四）劳动投入

本书采用从业人员人数作为衡量劳动投入的指标，利用钢铁工业的从业人员数作为其劳动投入数据。钢铁工业的从业人员数来自历年各省市统计年鉴中的全部从业人员年均人数。

（五）地区变量

为了分析中国钢铁工业的区域差异，根据《中国统计年鉴2011》的中国地区分类和我国经济发展的实际情况，本书把中国分为东部、东北部、中部和西部四大地区进行研究。

（六）非效率解释变量

根据文献研究，本书选择以下变量作为非效率函数的解释变量。

行业集中度：本书采用钢铁工业企业的平均工业总产值来表示行业集中度，即钢铁工业行业的工业总产值除以本行业企业单位个数，并用历年冶金工业品出厂价格指数对原始数据进行平减，将其转换为2005年不变价的工业总产值。根据产业经济学理论，竞争性较强的市场上企业数目较多，平均工业总产值相对较小，意味着行业集中度较小，然而，垄断程度较高的市场则平均工业总产值较大，行业规模较大。因此，该指标在一定程度上体现了行业的竞争程度。本书假设该指标与能源投入非效率负相关。

所有制结构：国有企业和私营企业相比，其主要特征表现为政策性负担重、产权模糊，更容易获得国家政策扶持和财政补贴，由此导致的预算软约束和缺乏有效激励机制是国有企业效率低下的根本原因（何晓萍，2011）。本书将用国有企业比例指标表示所有制结构，并假设国有企业比例越高，能源投入效率越低。

四、实证结果

（一）SFA 模型结果

通过对 SFA 函数形式的检验，可以得到本书构建的超越对数生产函数模型各系数的估计结果。表 4-3 给出了模型的各系数估计结果，大多数系数的估计结果是显著的，同时 $\gamma=0$ 的零假设被拒绝，也说明了模型的有效性，以解释钢铁工业的能源投入效率。

表 4-3　　**最终模型估计结果**

系数	变量	系数	t 统计量
β_0	Constant	11.052**	15.427
β_1	$\ln Y$	−1.943**	−3.563
β_2	$\ln K$	−0.385	−0.859
β_3	$\ln L$	2.547**	6.477
β_4	$1/2\ln Y\ln Y$	0.202	0.882
β_5	$1/2\ln K\ln K$	0.153**	4.020
β_6	$1/2\ln L\ln L$	0.697**	4.795
β_7	$\ln K*\ln L$	−0.471**	−2.609
β_8	$\ln Y*\ln K$	0.123	0.896
β_9	$\ln Y*\ln L$	−0.085	−0.609
β_{10}	T	0.052	1.211
β_{11}	$1/2T^2$	−0.007	−0.650
β_{12}	$T*\ln Y$	0.058	3.281
β_{13}	$T*\ln K$	−0.065	−3.172
β_{14}	$T*\ln L$	−0.022	−0.862

续表

系数	变量	系数	t 统计量
β_{15}	D_1	- 0.715 **	- 15.085
β_{16}	D_2	0.090	1.892
β_{17}	D_3	- 0.0.391 **	- 6.637
δ_1	CONR	-0.815 **	-5.539
δ_2	SOE	0.628 **	4.555
σ^2		1.076	9.460
γ		0.999	861038.88
Log-likelihood	-33.198		
LR_test	93.584		

注：** 表示 5%的显著性水平。

非效率变量的估计系数是本书研究的关键。行业集中度的系数为负（-0.815），表明钢铁工业提高行业集中度有利于能源投入效率的提高，反映了规模经济对效率的有利影响。所有制结构的系数为正（0.628），表明钢铁企业国有化程度越高，钢铁工业生产过程中的能源投入效率越低。两个变量系数都是统计显著的，表明中国经济体制的结构性弊端仍然是阻碍节能的一个主要影响因素。虽然过去 30 年来中国钢铁工业的国有经济比重持续下降，但是仍然保持高比例。国有钢铁企业往往在不同程度上受到政府的干预和保护，能够获得各种财政补贴，然而在能源使用过程中出现了过度浪费现象。与之相比较，外资和民营企业往往没有受到政策保护，生产过程中必须严格控制成本，减少能源使用的浪费，提高能源效率。

（二）中国钢铁工业节能潜力

根据前文估计出的随机前沿模型，我们可以对中国各个省份的钢铁工业的能源投入效率和技术节能潜力进行估计（见表 4-4）。本书对于钢铁工业的实证结果表明：从 2005 年到 2011 年间，中国钢铁工业的省际平均投入效率为 0.699，钢铁工业存在 31.1%的过度能源投入，相当于 7 年内有 723.44 百万吨标准煤的节能潜力，年均节能潜力为 103.35 百万吨标准煤。林伯强等（2011）运用线性多元回归模型估计了中国钢铁工业的单要素能源效率，通过中国和日本的效率差异比较得到 2015 年不同情景下的节能潜力分别为 130 百万吨标准煤（情景 A）和 50 百万吨标准煤（情景 B）。本书的结果和其结果有所差异。值得注意的是，节能潜力的含义在于对实际能源投入和有效能源投入的差异进行比较。因此，两个研究的主要差异在于有效能源投入的选择。前者选择日本的能源投入水平作为有效能源投入，日本的钢铁工业能源效率处于世界领先地位，而本书定义的有效能源投入是国内最先进水平。更进一步说，前者的研究建立在单要素能源效率的基础上，本书在进行全要素能源效率估计的过程中考虑了影响能源投入效率的各种因素，包括生产性因素和非效率因素，得到的是和生产前沿比较的最大节能潜力。

表 4-4　**中国钢铁工业年均能源投入效率和节能潜力**

省份	投入效率	节能潜力（百万吨标准煤）
北京	0.72850	10.80333
天津	0.79220	18.73562
河北	0.93184	37.67816
山西	0.63073	82.58677
内蒙古	0.82081	28.12514
辽宁	0.86674	46.32222
吉林	0.94736	3.823846
黑龙江	0.75588	6.225139
上海	0.90351	19.31409
安徽	0.79673	20.24537
福建	0.38771	25.84498
江西	0.73116	22.92106

续表

省份	投入效率	节能潜力（百万吨标准煤）
山东	0.54870	122.4576
河南	0.43117	56.74453
湖北	0.21669	44.29844
湖南	0.83969	21.0756
广西	0.46271	43.67401
广东	0.86975	14.10697
重庆	0.41520	16.1874
贵州	0.47297	31.69495
云南	0.83632	15.06933
陕西	0.72006	8.780648
甘肃	0.91340	6.336767
青海	0.78044	6.316735
宁夏	0.53343	8.177663
新疆	0.85077	5.892607
平均效率	0.69940	
累计节能潜力		723.43899

从全国投入效率的变动趋势上看，把各年全国各省市的投入效率进行平均，得到每年的平均能源效率如图 4-1 所示。由图 4-1 可以看出，中国钢铁行业的全要素能源效率处于波动上升的状态，从 2005 年的 0.608 上升到 2011 年的 0.721，上涨了 10.7%。值得注意的是 2008 年的投入效率波谷状态，反映了 2008 年中国钢铁工业经历的转折性变化。2008 年中国钢铁由产量的高速增长转变为负增长，钢材市场由买方市场变为卖方市场，然而钢铁工业能源消耗却表现为上升趋势，造成了该年中国钢铁工业能源效率低下。此后，虽然钢铁工业总体形式逐渐好转，能源效率有所提高。但由于能源投入低效率，“十一五”期间，钢铁行业的年均节能潜力保持在 100 百万吨标准煤左右。

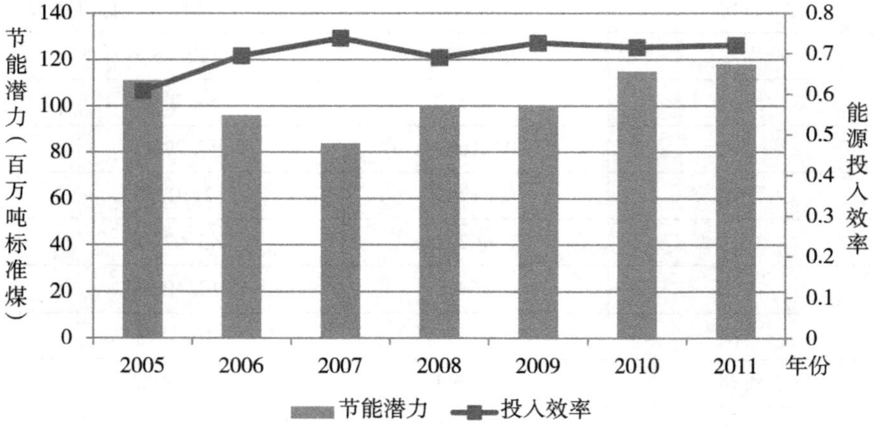

图 4-1　中国钢铁工业平均能源效率和节能潜力（2005—2011 年）

（三）中国钢铁工业节能潜力的省际差异

中国各省份的钢铁工业产量表现出很大差异，根据《中国钢铁工业年鉴》的统计数据加以计算，我们发现，在研究区间内河北的平均粗钢产量最高（每年约 1200 万吨）。接下来位列前五的分别是山东、辽宁、山西和湖北。各省份中新疆的平均粗钢产量最低，大约每年 9.8 万吨。青海（109.1 万吨）、贵州（356 万吨）和重庆（394.3 万吨）的平均粗钢产量也处于较低水平，然而这些省份的粗钢产量仍然相当可观。青海一省的粗钢产量仍然高于一些欧洲国家的总产量，如挪威和瑞士，2011 年的粗钢产量大约分别为 60 万吨和 140 万吨①。因此，对于不同省份钢铁工业的进一步研究十分必要。

为了更加清晰地划分中国钢铁行业全要素能源效率模式，本书采用史红亮和陈凯（2011）的方法对 2005—2011 年各个省份截面按照能源效率和能源投入量两个指标进行分类。但在史红亮和陈凯（2011）的研究中，没有详细地阐明分类标准。因此本书首先按照能源消费量把中

① 挪威和瑞士的粗钢产量数据来自于国际钢铁协会（2012）的统计数据。

国省份分为 3 类，年均能源消费量介于区间［0，10］百万吨标准煤的归为低投入省份，年均能源消费量介于区间［10，20］百万吨标准煤的归为中投入省份，年均能源消费量高于 20 百万吨标准煤的归为高投入省份；在每一个投入分类中再按平均能源效率分为低效率、中效率和高效率省份，各省市按上述两个指标可划分为 9 类，如表 4-5 所示。

表 4-5　**中国钢铁行业按能源效率省际分类**

分类	高投入	中投入	低投入
高效率	上海、河北	吉林、甘肃、广东、云南	新疆
中效率	湖南、内蒙古、辽宁	江西、安徽、天津	北京、陕西、黑龙江、青海、宁夏
低效率	山东、山西	河南、广西	湖北、福建、重庆、贵州

在表 4-5 中，低效率组需要进行深入分析。第一，山西属于煤炭富裕省份，该省份钢铁企业能源消耗量较大，但是全要素能源效率水平低，意味着在生产中能源投入存在浪费现象。山东虽然处于东部经济区，但该省钢铁工业只有 20%的产能布局在东部沿海，其余 80%的产能都布局在城市周边和发展受限的内陆地区，效率低下；“十五”规划开始后，又采取低成本扩张的发展模式，产量增长迅猛，但能源浪费巨大。政府应当对这些省份的钢铁工业的节能工作给予政策支持。第二，河南和广西两省近五年的能源投入均超过 1000 万吨标准煤，但全要素能源效率一直位于 0.5 左右。总体来说，这些省份的工业仍然处于发展起步阶段，需要大量能源投入来刺激经济增长。然而，在经济发展过程中要注意平衡经济增长和能源消费之间的关系。第三，江西、安徽和天津的全要素能源效率水平中等，但能源投入量落入［10，20］百万吨标准煤区间。从 2005 年到 2011 年，安徽的全要素能源效率从 0.602 逐步上升到 0.966，正逐步向高效率组靠近。江西和天津的全要素能源效

率也处于波动上升的过程中，2011 年也分别达到 0. 754 和 0. 702。只要这些省份的钢铁企业改进生产技术、减少能源浪费，就可以逐步进入高效率组。

（四）中国钢铁工业节能潜力的地区差异

根据中国经济发展的地区分类，可以对各个地区钢铁工业的全要素能源效率的差异进行分析，结果如表 4-6 和图 4-2 所示。总体而言，东北地区和东部地区的全要素能源效率较高。东北地区全要素能源效率在 2005—2011 年变动较为平坦；而东部地区的全要素能源效率在 2005—2006 年较高，但此后出现了下降趋势。相比较而言，中部和西部地区的全要素能源效率较低。

表 4-6　　各地区钢铁工业能源效率

	2005 年	2006 年	2007 年	2008 年	2009 年	2010 年	2011 年	平均值
东北地区	0. 75235	0. 82342	0. 77025	0. 68429	0. 72213	0. 72158	0. 68820	0. 73746
东部地区	0. 68639	0. 75020	0. 89743	0. 89987	0. 91845	0. 91878	0. 92551	0. 85666
中部地区	0. 50495	0. 56217	0. 61327	0. 60189	0. 67320	0. 64754	0. 65083	0. 60769
西部地区	0. 54610	0. 66874	0. 74473	0. 68571	0. 70338	0. 69214	0. 72348	0. 68061

在研究区间内，东北地区钢铁工业平均全要素能源效率最高（0. 857），累计节能潜力为 56. 37 百万吨标准煤。从 2005 年以来，全要素能源效率一直保持上升趋势，这和东北老工业基地振兴规划相吻合。2005 年鞍钢和本钢联合重组为鞍本钢铁集团，大大提高了东北地区钢铁工业的集中度，对东北地区钢铁工业的发展具有重要意义，增强了东北地区钢铁工业的整体竞争实力。

东部地区钢铁工业的平均全要素能源效率排第二（0. 737），累计节能潜力为 278. 51 百万吨标准煤。尽管东部地区的平均全要素能源效率仍然高于中西部地区，但是呈下降态势，这和东部地区钢铁企业的性质相关。东部地区的钢铁企业发展较早并且国有大中型企业比例较高。

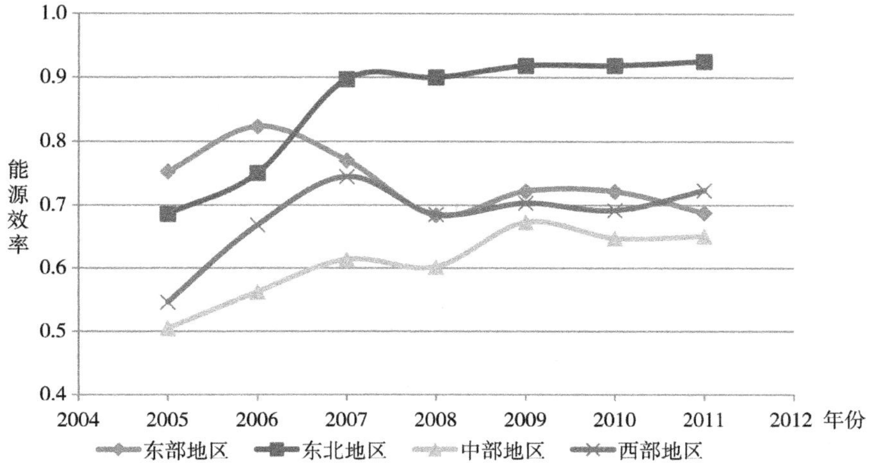

图 4-2　中国钢铁工业能源效率的地区差异的变动趋势

2011 年东部地区的国有及国有控股钢铁企业年均从业人数占比高达 41.3%。根据前文的估计结果，国有企业比例越高，能源效率越低。因此，未来东部地区提高能源效率和节能政策的重心应放在体制改革上面，进一步提高私营和外资企业比例。

在研究区间内，西部和中部地区的平均全要素能源效率分为 0.681 和 0.608，累计节能潜力分别为 140.69 百万吨标准煤和 247.87 百万吨标准煤。两地区全要素能源效率在 2005 年到 2011 年间呈“W”形发展，具体在 0.5~0.7 波动。近年来，借助于国家西部大开发的强劲拉动和国家支持西部地区钢铁工业发展的历史机遇，西部地区的钢铁企业通过技术进步和自主创新、产业结构调整和升级换代，转变发展方式，加快工艺技术装备大型化、自动化和现代化的改造，能源投入效率有一定程度的提高。2011 年国家制定了大力发展西部地区基础建设的政策方针，在“十二五”规划中全力支持西部地区的基础建设。城市化建设、交通运输业发展带来了大量钢材需求，最终将直接刺激当地钢铁工业的发展，给西部地区钢铁企业进一步改善技术、调整结构、提高能源效率带来新的发展机遇。

五、本章小结

本书将能源效率定义为前沿技术水平下的有效能源投入与实际投入之比，进而将节能潜力定义为在现有前沿技术条件和保证既定产出的前提下通过消除技术非效率可节约的能源投入。接着运用超越对数生产函数模型对中国钢铁工业进行实证分析表明：（1）2005—2011 年中国钢铁工业的全要素能源效率为 0.699，累计节能潜力达 723.44 百万吨标准煤，年均节能潜力为 103.35 百万吨标准煤。（2）总体而言，中国钢铁工业的全要素能源效率处于波动上升的状态，从 2005 年的 0.608 上升到 2011 年的 0.721，上涨了 10.7%。（3）行业集中度提高有利于能源效率提高；经济体制的结构性弊端是能源效率提高的重要阻碍因素。（4）从省份差异来看，山西、山东、江西、安徽、天津、河南和广西是节能减排的重点省份。（5）从地区差异看，东北地区的能源效率较高，中部和西部地区能源效率较低；中西部地区具有较大的节能潜力。通过提高效率向前沿靠拢，可以实现这些节能潜力。此外，还需特别关注由所有制弊端带来的东部地区全要素能源效率下降现象。

现阶段，中国钢铁工业具体节能对策如下：

提高产业集中度：首先，坚定不移地推进淘汰落后产能，控制新增产能，加快行业结构调整进程。根据《钢铁工业“十二五”发展规划》应淘汰 400 立方米以下的高炉炼铁（BF），30 吨以下的转炉（BOF）和电炉（EAF）的生产。该政策对能源效率较低的中部和西部省份尤为重要。以新疆的钢铁工业为例，“十二五”末期，仍然有 500 万吨炼钢产能和 320 万吨炼铁能力需要被淘汰。提高产业集中度的另一有效方法是促进行业内企业的兼并重组。2013 年 1 月 22 日，工信部、财政部、发改委等部门联合提出了钢铁工业兼并重组的目标和任务，2015 年前十家钢铁企业集团产业集中度达到 60% 左右（工业和信息化部等，2013）。企业兼并重组对发达省份的钢铁工业发展特别有利，如山东省和天津市。

所有制结构改革：通过所有制改革打破国有垄断，使能源成为企业必须面临的硬约束，进一步节约能源投入。改革进行到今天，钢铁工业仍是我国所有工业部门中所有制调整最为滞后的行业之一，钢铁工业的国有资本比例仍然相当高。到 2010 年，国有和国有控股钢铁企业仍然占有着我国规模以上钢铁企业资产总额的 54.5%。因此，进一步深化所有制改革是我国钢铁工业实现节能的重要手段。

加强技术改造和节能投资：钢铁工业的技术更新是节能减排的基础。根据《钢铁工业"十二五"发展规划》的要求和国家重点节能技术推广目录的指导，要进一步加强钢铁工业的节能投资。然而，中国钢铁企业的自主节能意识仍然较弱，政府要在推进节能投资上做出更大努力。技术更新要和淘汰落后产能、企业兼并重组等措施一起，同时还要注意地区规划。另外，值得注意的是节能技术的应用取决于技术成本和能源价格。只有技术成本低于节能收益时，钢铁企业才会采用该技术。因此，节能的根本问题在于能源价格的市场化改革。

第五章　中国钢铁工业能源反弹效应分析

一、反弹效应对低碳转型的影响

（一）反弹效应的意义

中国目前正处于能源需求较高的城市化与工业化阶段。然而，节能减排在中国的可持续发展中占据非常重要的地位。由于人口众多，中国的能源稀缺性可能会比其他国家严重，因此，在节能减排方面也需要付出更大的努力。

随着越来越多的决策开始考虑全球气候变暖问题，二氧化碳减排问题也获得了更多的关注。深入理解提高能效在能源密集型国家（如中国）的影响对于预测全球二氧化碳排放是非常重要的。直观上讲，某种能源产品使用效率的提高将降低该能源的消费，然而，消费下降以及随后该能源单位使用成本的下降将引起能源需求的反弹，使由效率提高实现的节能和减排效果被增加的能源消费所抵消，这就是能源经济学的反弹效应理论。反弹效应由 Jevons（1865）首次提出。他发现，效率更高的蒸汽机的发明最初减少了煤炭消费并引起煤炭价格下降；然而，煤炭价格下降使煤炭成为一种经济的能源形式，从而最终使煤炭消费大幅提高。

在特定条件下，由于存在反弹效应，能源效率的提高反而会导致能源需求上涨，这种现象常常发生在一些发展中国家或新兴国家的低能源价格政策下的能源市场。该情形被称为“适得其反”的结果。而对于成熟的市场，一般认为，尽管存在反弹效应，但节能效果依然存在。反弹效应取决于许多因素，包括资源形式、资源使用设备以及资源市场和总体经济的发展程度。

发达国家的经验说明，通过效率提高最终实现的节能往往和预期的节能目标不一致。反弹效应的大小影响到节能减排的最终效果，它不仅使政府通过提高效率而进行节能的努力所得到的结果比预期更小；在环境评估上，它也将增加由能源效率提高带来的二氧化碳减排预测上的困难。因此，反弹效应的大小对节能减排的成果影响显著。

为保证经济的快速增长与社会稳定，中国的能源价格改革进展缓慢。政府目前的节能减排重心主要是行政措施，可能有短期效应，但经济社会成本会很大，且不是长效机制。根据反弹效应理论，如果目前中央政府分发给各省的节能目标是以提高能源效率为主，不涉及市场价格，那么可能得到的结果就会低于预期。为了把握中国的节能减排结果和节能潜力，有必要对反弹效应进行研究。

反弹效应（Rebound Effect，RE）一般采用由能源效率提高导致的预期和实际节省的能源之差来衡量，可被定义如下：

$$RE = \left|\frac{\Delta E^1}{\Delta E^0}\right| \times 100(\%) \tag{5-1}$$

其中，ΔE^0 为预期节能量，而 ΔE^1 表示由能源成本下降所导致的能源消费的反弹。

如前文所述，当存在多种能源服务的情形下，由效率提高引起的能源成本下降所导致的反弹效应包括直接效应和间接效应，其理论基础来源于斯卢茨基（Slutsky）方程，即价格变化对消费产生的总效应为替代效应和收入效应之和。① 下文将基于一个两商品模型对直接和间接替代效应进行分析。

首先，我们假设消费者的效用函数为 $U(X_1, X_2)$，两种能源服务

---

① 当一个商品价格改变时，如果这个商品的价格相对其他商品更便宜（或者更贵），从而导致替代效应；进而消费者的真实收入提高（或者下降），产生收入效应。

均为正常品，其消费量分别为 X_1 和 X_2，消费者面临的预算约束为 $B = P_1X_1 + P_2X_2$，其中 P_1、P_2 分别表示两种能源服务的价格。假设 B 为居民家用电器的预算约束，居民可选择电磁炉（X_1）或者燃气灶（X_2）做饭。电磁炉的能效提高（每小时用电量下降）所带来反弹效应如图 5-1 所示。一方面，由于效率改进使电磁炉的单位使用成本减少，于是消费者更多地选择电磁炉代替燃气灶做饭，并且若二者之间的替代性越强，则这种替代效应（图 5-1 中的 SE）越明显。另一方面，成本下降还产生了收入效应（图 5-1 中的 IE），即在同样的预算约束 B 下，消费者的实际购买力增强，从而同时增加了二者的消费量（如出行次数增多等）。而总的能源消费量的最终变化则取决于直接效应（替代效应）和间接效应（收入效应）的大小。①

反弹效应与消费者和生产者双方均相关。对于生产者而言，能源是生产过程中除非能源要素外（资本、劳动力）的重要投入要素。当能源效率提高时，单位产出能耗下降。所以，替代效应是一种直接效应，即其他投入要素被能源投入取代，并最终导致能源需求的增加。间接效果考虑的是能源服务成本下降对产品销售价格的影响，同时，它们的价格下降会进一步导致对产品和能源消费的增加。因此，生产行为的反弹效应从经济理论上看实质上与消费行为的反弹效应是相同的。

（二）反弹效应的理论推导

根据上文的分析和推导，我们会发现，能源消费及与之相关的 CO_2 排放，两者的反弹效应变化方向和程度都是一致的。此外，基于斯卢茨基（Slutsky）方程，我们把 CO_2 排放的反弹效应分解为直接效应和间接效应。首先，定义每种商品所产生的 CO_2 排放量由式（5-2）表示为

① 因此，Khazzoom（1980）的单一要素模型仅仅考虑了由于某种能源服务价格下降所引起对该服务需求的增加，忽略了收入效应，这就低估了反弹效应的大小（Binswanger，2001）。

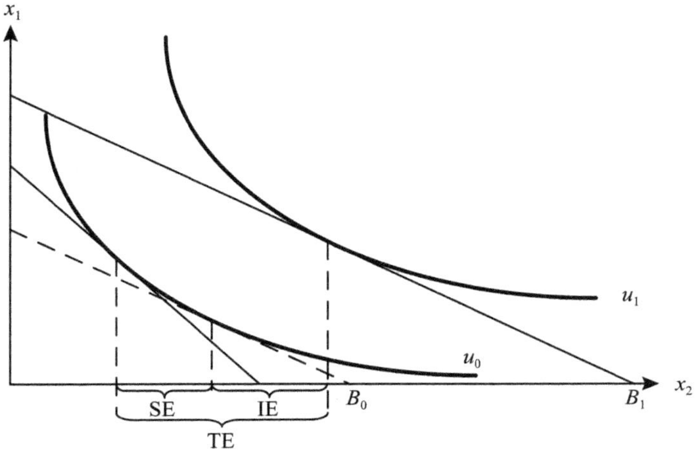

图 5-1　直接效应和间接效应的理论阐述①

(Brannlund 等，2007)：

$$E_{it} = \theta_{it} x'_{it} \quad (5\text{-}2)$$

其中，x'_{it} 表示商品 i 在 t 期的真实消费，θ_{it} 表示 CO_2 排放系数，即衡量商品 i 在生产、输送及消费过程中的 CO_2 排放。

由家庭消费产生的 CO_2 排放总量为：

$$E_t = \sum_r E_{rt} = \sum_r \sum_{i \in r} E_{it} = \sum_r \sum_{i \in r} \theta_{it} x'_{it} \quad (5\text{-}3)$$

其中，r 表示商品的类别，$r = 1, \cdots, n$。当效率改进使某种商品 j 的能源成本发生变化，可视为该商品的实际价格发生变化，由此导致的 CO_2 排放量的变化如式（5-4）所示：

$$\frac{\partial E_t}{\partial P_{jt}} = \sum_i \frac{\partial x'_{it}}{\partial P_{jt}} \frac{\partial E_t}{\partial x'_{it}} == \sum_i \frac{\partial x'_{it}}{\partial P_{jt}} \theta_{it} \quad (5\text{-}4)$$

式（5-4）实际上体现了效率改进后，由反弹效应所导致的 CO_2 排

① 来源：Mathias Binswanger. Technological progress and sustainable development: what about the rebound effect. Ecological Economics, 2001, 36: 119-132.

放量的变化。对此需要做进一步的解释，CO_2排放主要来源于商品在生产、输送以及消费的过程中所消耗的能源，即：

$$E_t = \gamma_t e_t \tag{5-5}$$

其中，e_t 表示终端消费所消耗的能源总量，γ_t 表示单位能源消费所产生的 CO_2排放。从当前的技术水平来看，在较长时期内单位能源排放的 CO_2量并不会发生较大变化，即排放系数 γ_t 可视为常量（主要由当前的技术水平决定）。因此，对式（5-5）的两边同时求导，可得：

$$\frac{\partial E_t}{\partial P_{jt}} = \gamma_t \frac{\partial e_t}{\partial P_{jt}} \tag{5-6}$$

其中，$\frac{\partial e_t}{\partial P_{jt}}$ 表示由反弹效应所导致的能源消费量的变化。由式（5-6）可看出，由反弹效应所导致的能源消费的变化与由此产生的 CO_2排放会保持同比例的变化，而该比例正是排放系数 γ_t。

为了度量直接效应和间接效应，我们需要对式（5-4）进行分解。根据斯卢茨基（Slutsky）方程，商品 j 的价格 P_{jt} 对商品 i 的消费量 x'_{it} 的总效应为：

$$\frac{\partial x'_{it}}{\partial P_{jt}} = \frac{\partial x'^{h}_{it}(p,\ u*)}{\partial P_{jt}} - x'_{jt}\frac{\partial x'_{it}}{\partial y} \tag{5-7}$$

其中，式（5-7）右边的 $\frac{\partial x'^{h}_{it}(p,\ u*)}{\partial P_{jt}}$、$\left(-x'_{jt}\frac{\partial x'_{it}}{\partial y}\right)$ 分别表示商品 j 的价格 P_{jt} 的变化对商品 i 需求量的替代效应和收入效应。将式（5-7）代入式（5-5），我们可以将商品 j 的效率改进后的反弹效应分解成直接效应和间接效应：

$$\frac{\partial E_t}{\partial P_{jt}} = \sum_i \frac{\partial x'^{h}_{it}(p,\ u*)}{\partial P_{jt}}\theta_{it} - \sum_i x'_{jt}\frac{\partial x'_{it}}{\partial y}\theta_{it} \tag{5-8}$$

其中，式（5-8）右边的第一项和第二项分别表示直接效应和间接效应。更进一步地，我们需要度量它们各自的大小，对于间接效应，可由式（5-9）表示：

$$\text{间接效应} = -\sum_i x'_{jt}\frac{\partial x'_{it}}{\partial y}\theta_{it} = -\sum_i \frac{p_{jt}x'_{jt}}{y}\left(\frac{\partial x'_{it}}{\partial y}\frac{y}{x'_{it}}\right)\frac{x'_{it}}{p_{jt}}\theta_{it} = -\sum_i S_{jt}\eta_{yi}\theta_{it}\frac{x'_{it}}{p_{jt}} \tag{5-9}$$

其中，$S_{jt} = \frac{p_{jt}x'_{jt}}{y}$、$p_{jt}$ 分别表示商品 j 的支出份额和价格；x'_{it} 则表示商品 i 的实际消费量；$\eta_{yi} = \frac{\partial x'_{it}}{\partial y}\frac{y}{x'_{it}}$ 则表示商品 i 的需求量的收入弹性。对于直接效应，我们可通过式（5-8）与式（5-9）得到：

$$\begin{aligned}\text{直接效应} &= \sum_i \frac{\partial x'^{h}_{it}(p,\ u*)}{\partial P_{jt}}\theta_{it} = \frac{\partial E_t}{\partial P_{jt}} + \sum_i x'_{jt}\frac{\partial x'_{it}}{\partial y}\theta_{it} \\ &= \sum_i \left(\frac{\partial x'_{it}}{\partial P_{jt}}\frac{P_{jt}}{x'_{it}}\right)\theta_{it}\frac{x'_{it}}{P_{jt}} + \sum_i \frac{P_{jt}x'_{jt}}{y}\left(\frac{\partial x'_{it}}{\partial y}\frac{y}{x'_{it}}\right)\theta_{it}\frac{x'_{it}}{P_{jt}} \\ &= \theta_{it}\frac{x'_{it}}{P_{jt}}\sum_i(\eta_{ij} + S_{jt}\eta_{yi})\end{aligned} \tag{5-10}$$

其中，$\eta_{ij} = \frac{\partial x'_{it}}{\partial P_{jt}}\frac{P_{jt}}{x'_{it}}$ 表示商品 i 的需求量对于商品 j 价格的交叉价格弹性，若 $i=j$，则表示商品 i 的需求量的自交叉价格弹性；x'_{it} 则表示商品 i 的实际消费量。

（三）技术进步与反弹效应

根据新古典经济学理论，经济增长的动力来自于两方面：一方面来自于投入要素的投入，包括资本、劳动和能源投入；另一方面来自于生产率的提高。任何依靠投入要素增加导致的经济增长都是不可持续的，只有生产率的提高才能带来经济的可持续增长。同时，技术进步是影响全要素生产率的最主要因素。由于技术进步能够提高生产率，技术水平的提高对于钢铁工业产出的增长具有重要影响。同时，无论是响应国际社会对温室气体减排的呼吁，还是缓解我国面临的能源、环境对经济发展越来越强的约束，节能减排都已经成为我国国民经济发展的重要议题。依据其他国家的节能减排经验，通过提高能源效率来促进节能减排，已经成为普遍做法。中国也不例外，鼓励技术进步，提高能源效率已经成为我国政府进行节能减排的主要手段。

在过去三十多年里，中国钢铁工业经历了显著的产出增长。从1985年到2015年，中国钢铁工业的研发支出水平从237百万元上涨到6123百万元，年均增长率高达23%。由于技术水平的进步，行业研发支出的增长率高于产出水平的增长率。2015年，钢铁工业的研发人员数达13.78万人，占钢铁工业总从业人员数的3.78%；同时，钢铁工业的研发人员比例比整个工业部门的研发人员比例高1%。因此，较高的研发支出增长率和研发人员比例意味着钢铁工业技术水平的进步。技术进步不仅仅能够带来产出的增加，同时也带来了能源效率的提高，因此，降低了单位产出的能源消费量，引发能源节约效应。根据《中国统计年鉴2011》可知，技术进步对钢铁工业能源节约的贡献度高达40%~50%。钢铁工业的节能大多通过改进生产流程的技术创新完成，比如：用电炉替代高炉炼钢，运用更有效的铸造和轧制方法等（Napp等，2014）。

然而，虽然经历了显著的技术进步，中国钢铁工业生产仍然消费大量的能源。如图5-2所示，1985年钢铁工业的能源投入量为76.4百万吨标准煤，到2015年增长到639.5百万吨标准煤。过去三十多年里，钢铁工业的能源投入年均增长率高达23.1%，远远高于整个工业部门的能源投入增长率（6.3%）。由于中国的能源资源中约70%的能源是煤炭相关资源，快速的能源消费增长不可避免地会带来严重的环境问题。能源强度是度量能源效率的最常用指标之一。从1985年到2015年，中国钢铁工业的单位工业增加值能源消费量从0.46百万吨标准煤/拾亿元下降到0.11百万吨标准煤/拾亿元；同时，吨钢能源消费量虽然有所波动，但仍然从1.64吨标准煤/吨下降到0.80吨标准煤/吨。两个指标的结果都表明中国钢铁工业的能源强度呈下降趋势，随着工业产出的增加，能源效率也大大提高。

从上述分析可以看出，中国钢铁工业经历了显著的技术进步，能源效率也大大提高。然而，提高能源效率是否真的可以减少能源消费呢？能源反弹效应告诉我们，技术进步不仅带来了能源效率提高，也带来了

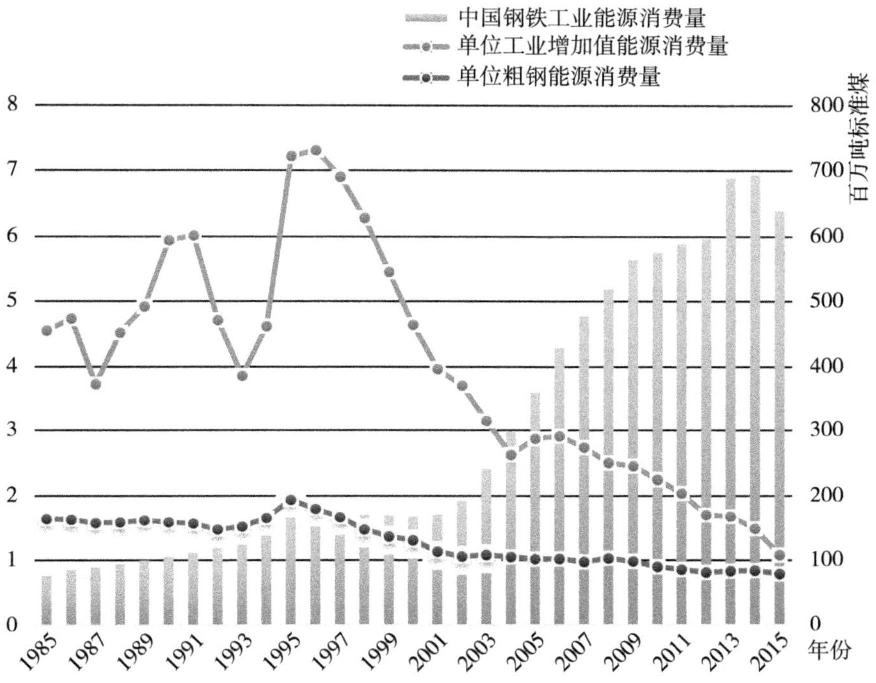

图 5-2　中国钢铁工业的能源强度

经济增长。经济增长对能源需求增加，使得能源效率提高带来的能源消费节约量打了折扣。因此，从能源反弹效应这个角度来讲，经济发展对于节能减排实际上是一个负面作用。林伯强、蒋竺均（2008）对中国未来能源需求预测的结果表明：在重工业比例有所下降、能源效率有所提高、城市化水平为 60%的假设下，如果经济保持 9%的增速，到 2020 年，中国一次能源消费将达到 55 亿吨标准煤，大概是 2006 年的 2 倍；如果经济增长速度为 7%，2020 年能源需求达到 45 亿吨标准煤，比 9%的情境下少 10 亿吨标准煤；如果经济增速为 6%，2020 年能源需求为 41 亿吨标准煤，比 9%的情境下少 14 亿吨标准煤。可以看到，支持中国经济持续增长所需的能源消费也将保持快速增长的趋势，同时在总量上也仍然保持较高水平。对于钢铁工业，能源效率的提高意味着同样的产出却消耗更少的能源；同时，由于能源替代效应和能源价格管制的存在，技术进步带来的能源效率提高是否会引发能源节约还取决于能源替代效应（见图 5-3）。

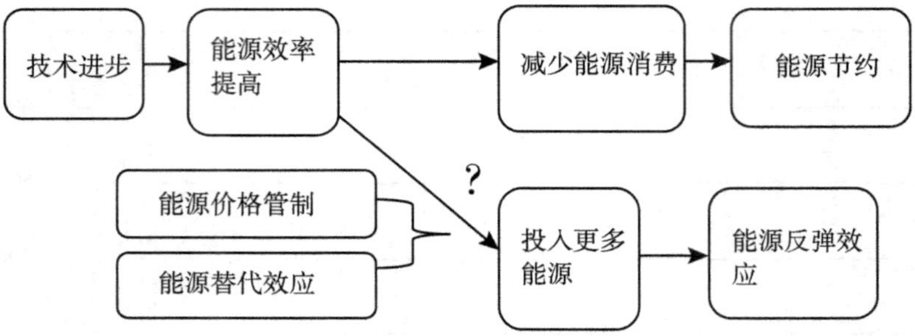

图 5-3　技术进步和能源反弹效应的关系

由于“十三五”期间我国能源政策的导向在于，不仅要求能源利用效率提高，而且对能源消费总量设置了约束。在以往节能减排的政策要求下，能源强度是主要的节能衡量指标，即单位能源带来的国内生产总值达到一定水平就符合政策目标。然而，在中国目前行政为主的能源定价模式下，较低的价格并不能刺激能源需求有效降低。相反，在反弹效应的作用下，随着能源利用效率的提高，消费者可以使用同样的支出购买更多的能源进行消费。综上，如果没有相应的能源价改，则提高能效的节能措施并不一定能实现“节能”的政策目标。本章的研究意义在于，详细分析我国钢铁工业的能源反弹效应，并给予基于此提出相关节能减排、有效控制能源消费总量的政策建议。

二、能源反弹效应：文献综述

反弹效应是能源经济学中的一个著名命题。Khazzoom（1987）、Grubb（1990）、Wirl（1997）认为反弹效应是通过技术进步提高能源效率而节约能源消费，但技术进步导致设备使用效率的提高和相应产品生产成本的下降，技术进步促进经济的更快增长，从而对能源产生新的需求，最终导致因效率提高所节约的能源被因经济快速增长带来的额外能源消耗（部分地）抵消。依据 Greening（2000）的归纳总结，能源反弹效应通过三种路径增加了能源消费量：第一，直接反弹效应：能源效率的提高意味着能源服务的有效使用价格下降，因此，将会增加此种能源的消费量，这将抵消由于能源效率提高引致的能源节约量。有效服务价格下降导致能源消费增加可以从替代效应与收入效应两方面理解：替代效应使得有效价格下降的能源产品替代了其他生产要素，例如资本、劳动力等；收入效应，即能源服务的有效价格下降引起真实收入的增加，为了提高整体效用水平，会进一步增加能源消费量。第二，间接反弹效应：能源产品或者能源服务的有效使用价格降低，将引致那些将能源作为投入要素的产品或者服务的价格下降，那么经济社会就会增加这些产品或者服务的需求，从而增加能源消费量。第三，整体经济系统的反弹效应：能源效率提高使整体经济对能源产生的反弹性需求。能源服务有效使用价格的降低可以降低一系列的中间产品与最终产品的价格，引起经济体中各个组成部分的价格调整，在此过程中可能导致能源密集型产品与服务的生产成本与能源密集程度较低的商品与服务的成本相同（接近），因此，会进一步导致整个经济体对能源需求的增加。

国外对能源反弹效应的研究较为广泛，多采用计量方法估计能源产品交叉价格弹性，进行能源反弹效应的测算。研究对象包括国家或区域层面以及个体家庭层面；测算模型包括仅提供单一弹性估计的静态模型与提供短期和长期弹性估计的动态模型；模型结构有单方程与多方程；函数形式主要包括线性函数、对数函数、双对数函数、超越对数函数；估计方法涉及最小二乘法、广义最小二乘、工具变量法、两阶段最小二乘法、三阶段最小二乘法、固定效应、随机效应、误差修正模型法、极大似然估计法等；选取的样本有时间序列、截面数据、面板数据等。随着 CGE 的发展，加之 CGE 模型对于传统经济理论良好的解释能力，以及兼顾要素替代、收入效应以及经济结构变动效应等对经济系统的影响，也有一定数量的研究采用一般均衡计算模型来进行能源反弹效应的测算。但是鉴于 CGE 模型计算的复杂性以及对数据数量的要求较高，运用 CGE 测算能源反弹效应并没有被广泛使用。

Roy（2000）对印度的 3 个部门由于技术效率提高而引起的能源反弹效应进行了分析，发现没有相对应的能源价格政策支持，抑制能源反弹效应是不可行的。Birol 和 Keppler（2000）的研究提出，技术进步无疑是降低能源强度、提高能源效率的有效手段，但同时因为刺激经济增长而产生反弹效应，因此，充分利用价格手段调节能源与其他要素的替代性，促使消费者更多地选择其他要素而非能源，才能真正实现能源的节约。Mathias Binswanger（2001）分析了服务的可替代性和收入效应对反弹效应的影响，通过服务的需求交叉价格弹性推断出服务业反弹效应小于 25%。Berkhout（2000）对荷兰的分析结果发现反弹效应跨度从 0%~30%不等；他认为，技术进步确实减少了能源消费，但是，节约的部分在一定程度上被因价格下降等原因而增加的对能源服务的需求所抵消。Semboja（1994）基于 CGE 模型对肯尼亚宏观经济的反弹效应进行了测算。Bentzen（2004）采用时间序列数据，应用超越对数成本函数估计了美国制造业部门的反弹效应为 24%。Hens 等（2010）运用 964 户居民的消费数据估计了居民采暖部门的直接反弹效应，同时分析了能源价格对反弹效应的影响。Ghosh 和 Blackhurst（2014）建立了一个家庭生产模型研究了居民和交通部门的反弹效应。Yu（2015）运用 CGE 模型分析美国的直接反弹效应和部门冲击现象。Freire - Gonzalez（2017）估计了欧盟各国的反弹效应，结果表明大部分欧盟国家的直接反弹效应低于 100%。

可以看到，国外由于能源市场发展较成熟，市场化程度较高，因此利用能源交叉价格弹性来估算能源反弹效应成为主流计算方法。但是对于我国市场化程度较低的能源市场而言，价格信号并不能真实地反映能源市场的情况，用交叉价格弹性方法估算能源反弹效应显然是不合适的。此外，国外研究能源反弹效应常常以具体部门作为研究对象，例如交通部门、制造业行业以及居民消费领域等。相比之下，由于获取我国具体行业部门方面的数据比较困难，想要实证测算我国具体部门的能源反弹效应困难较大。因此测算具体部门的能源反弹效应的研究较少，虽然 Ouyang（2010）对中国居民能源消费的反弹效应做出分析，但是该研究主要通过对比总结国外研究结果，得到发展中国家的居民能源反弹效应为 30%~50%，并没有本国详细的数据支持。直到 2007 年才第一次出现测算中国能源反弹效应的实证研究。基于能源交叉价格弹性法的不适用性和 CGE 模型的复杂性，周勇（2007）首次建立了测算能源反弹效应的替代模型，并利用岭回归估算全要素生产率（模型中一个参数），测算出改革开放以来，我国能源反弹效应在 30%与 80%之间波动。刘源远、刘凤朝（2008）基于省际面板数据对我国各省的能源反弹效应进行了测算，得到的结果是，在 1986—2005 年，我国西部地区的反弹效应最大，其次是中部，最小的是东部地区。王群伟、周德群（2008）对周勇和林源源（2007）的模型进行了改进，测算了我国能源反弹效应，实证研究表明，技术进步对能源效率的影响是一个动态变化的过程；反弹效应在不同的时间段有不同程度的波动，并显示出下降的趋势。国涓等（2010）对我国工业部门的能源反弹效应进行测算，得到我国工业部门 1979—2007 年的平均能源反弹效应为 46.38%，能源反弹效应总的变化趋势成递减状态。Lin 和 Liu（2012）对周勇的模型进行改进，估计中国 1981—2009 年的平均能源反弹效应为 53.2%。Wang 等（2014）运用面板协整模型研究了居民电力消费的直接反弹效应，结果表明居民电力消费的长期和短期反弹效应分别为 74%和 72%。通过对现有文献的回顾我们发现，还没有对中国钢铁工业反弹效应的研究，本章将对钢铁行业的能源消费反弹效应进行测算。

三、模型设计和数据处理

（一）模型设计

根据国内外的相关研究，技术进步所产生的反弹效应可以定义为“技术进步所引发的能源消费增量与技术进步通过使能源效率提高而节约的能源量的比值”。基于技术进步的反弹效应理论分析框架为：

假定 Y_t 为第 t 年为钢铁工业的产出水平；EI_t 为其第 t 年的能源强度，则第 t 年和第 $t+1$ 年的能源消费量分别表示为：

$$E_t = Y_t \cdot \mathrm{EI}_t,\quad E_{t+1} = Y_{t+1} \cdot \mathrm{EI}_{t+1} \tag{5-11}$$

技术进步使能源效率提高，能源强度下降。则技术进步通过降低能源强度而产生的能源节约量为：

$$Y_{t+1} \cdot (\mathrm{EI}_t - \mathrm{EI}_{t+1}) \tag{5-12}$$

技术进步一方面可以带来能源节约的效果，另一方面也带来经济增长。而经济的扩张又会增加生产过程中的能源消费量。令 σ_{t+1} 为 $t+1$ 年技术进步对经济增长的贡献率，那么在 $t+1$ 年由技术进步所产生的钢铁工业的产出增长为：

$$\sigma_{t+1} \cdot (Y_{t+1} - Y_t) \tag{5-13}$$

则此部分产出增长所需要的新增能源消费量为：

$$E_{t+1} = \sigma_{t+1} \cdot (Y_{t+1} - Y_t) \cdot \mathrm{EI}_{t+1} \tag{5-14}$$

因此，根据前文的定义，第 $t+1$ 年基于技术进步的钢铁工业能源消费的反弹效应为：

$$\mathrm{RE}_{t+1} = \frac{\sigma_{t+1}(Y_{t+1} - Y_t)EI_{t+1}}{Y_{t+1}(EI_t - EI_{t+1})} \tag{5-15}$$

在公式（5-16）中，经济产出、能源强度均可以直接从统计资料中摘取或转换计算得到。但技术进步对经济增长的贡献率需要通过计量分析方可得到。关于技术进步的衡量一直是经济学界的难题，在没有更好替代方法的前提下，目前经济学界普遍使用全要素生产率（Total Factor Productivity，TFP）来代表技术进步，包括科技创新即“硬”技术进步（也叫狭义技术进步）和管理、制度、政策等的优化即“软”技术进步，本书用全要素生产率来表示技术进步。本书使用 C-D 生产函数来估计行业技术进步贡献率，考虑如下三要素的新古典生产函数模型：

$$Y_t = A_t \cdot F(K_t,\ L_t,\ E_t) \tag{5-16}$$

公式（5-17）中，Y_t 表示 t 年钢铁工业的增加值；K_t 表示 t 年钢铁工业的资本存量；L_t 表示 t 年钢铁工业的劳动投入；E_t 表示 t 年钢铁工业的能源投入；A_t 表示希克斯中性技术进步，表示为 $A_t = A_0 e^{rt}$，r 为技术进步率，则钢铁工业三要素的生产函数为：

$$Y_{t+1} = A_0 e^{rt} K_t^{\alpha} L_t^{\beta} E_t^{\gamma} \tag{5-17}$$

将公式（5-18）两边取对数，得：

$$\ln Y_t = \ln A_0 + rt + \alpha \ln K_t + \beta \ln L_t + \gamma \ln E_t \tag{5-18}$$

模型中参数 α 、β 和 γ 分别表示为资本、劳动和能源的产出弹性，通过回归分析可以估计出来。索罗将经济增长归因于资本积累、劳动力增加和技术进步，在考虑能源投入的三要素生产函数中，设 G_Y 、G_K 、G_L 和 G_E 分别表示产出、资本、劳动和能源的增长率，G_A 为索罗余数，代表广义技术进步，则全要素生产率对经济增长率的贡献度为：

$$\sigma = \frac{G_A}{G_Y} = \frac{G_Y - \alpha G_K - \beta G_L - \gamma G_E}{G_Y} \tag{5-19}$$

全要素生产率对经济增长率 σ 求出后，把公式（5-19）的结果代入公式（5-18）中，即可计算出基于技术进步的钢铁部门能源消费反弹效应。

反弹效应的大小可以反映技术进步带来的能源效率的提升会增加还是减少能源消费，这会影响能源政策的效果。RE>0，表示技术进步带来的能源效率的提升会增加能源消费，部分抵消技术进步对能源消费的减少效应；RE>1，表示反弹效应的存在使得技术进步带来的能源消费减少效应完全被抵消。因此，高的反弹效应意味着技术进步政策需要能源价格政策或能源税政策来加强技术进步对能源消费的减量效应。

（二）数据来源及数据处理

本书在三要素新古典生产函数的框架下，以钢铁工业为研究对象，采用 1985—2011 年的年度数据，估算钢铁工业能源消费的反弹效应的大小。本书所涉及的变量指标主要有：钢铁工业产出（Y）、钢铁工业资本存量（K）、劳动投入量（L）和能源消费量（E）等。

钢铁工业产出（Y）：本书选取钢铁工业增加值作为其产出数据。为了消除价格因素的影响，我们使用历年冶金工业品出厂价格指数对原始数据进行平减，将其转换为1985年不变价的实际工业增加值。数据来源于历年《中国统计年鉴》及中经网统计数据库。

钢铁工业的资本存量（K）：由于中国没有关于资本存量的统计数据，对于钢铁工业资本存量需要进行估计。永续盘存法是常用的资本存量估计方法，和第四章相同，本章同样运用该方法对钢铁工业的年度资本存量进行了估计。

钢铁工业的劳动投入量（L）和能源消费量（E）：本书采用从业人员人数作为衡量劳动投入的指标，利用钢铁工业的从业人员数作为其劳动投入数据。钢铁工业的从业人员数来自历年《中国统计年鉴》中的全部职工年均人数。由于数据的缺失，对于1999—2002年钢铁工业从业人员的数据，本书利用《中国统计年鉴》中全员劳动生产率乘以工业增加值计算得到。钢铁工业能源消费量的数据同样来自于历年《中国统计年鉴》，对于1993年钢铁工业能源消费量的缺失，本书利用回归方法估计得到。

四、反弹效应的估算

（一）单位根检验及协整检验

在时间序列分析中，首先要对数据的平稳性进行检验，即单位根检验，否则容易产生伪回归，而且标准的T检验和F检验是无效的。本书采用扩大的ADF和PP单位根法来检验各变量的平稳水平。表5-1中给出了所有5个变量的水平序列、一阶差分序列和二阶差分序列的单位根检验。

表 5-1　　　　**单位根检验**

序列	ADF		PP	
	无趋势	有趋势	无趋势	有趋势
ln*Y*	1. 067863	−2. 039244	1. 034623	−1. 17739
ln*K*	0. 600114	−2. 562904	0. 791243	−2. 507516
ln*L*	−1. 682927	−1. 643219	−1. 814555	−1. 785382
ln*E*	−0. 023175	−3. 640113**	−0. 026951	−1. 735646
⊿ln*Y*	−3. 263566**	−4. 071162**	−3. 093738**	−3. 080815
⊿ln*K*	−4. 824626***	−5. 068348***	−4. 82084***	−5. 09362***
⊿ln*L*	−3. 948707***	−3. 948707**	−4. 001415***	−3. 910638**
⊿ln*E*	−3. 074924**	−2. 96053	−2. 327328	−2. 315132
⊿（ln*Y*，2）	−4. 848258***	−4. 736296***	−6. 576499***	−6. 300982***
⊿（ln*K*，2）	−6. 053866***	−5. 943873***	−16. 26762***	−19. 3179***
⊿（ln*L*，2）	−6. 246416***	−6. 145712***	−12. 87203***	−12. 71314***
⊿（ln*E*，2）	−5. 364939***	−5. 295593***	−5. 330449***	−5. 264999***

注：**、*** 分别表示 5%、1%的显著性水平下拒绝原假设。

从表 5-1 中可以看出，所有变量的原始值，都不能拒绝存在单位根的原假设，因此都是非平稳的。而这些变量的二阶差分在 1%的显著性水平下都拒绝存在着单位根的假设，因此，可以认为所有的变量都是 I（2）过程，满足进行协整检验的条件。接着使用 EVIEWS5. 0 软件进行秩的检验，即共有多少个线性无关的协整向量，秩检验的结果如表 5-2 所示。

表 5-2　　**Johansen and Juselius 协整检验**

无约束协整检验（迹检验）				
假定的CE数量	特征值	迹统计量	0.05临界值	概率**
无*	0.929180	91.70144	54.07904	0.0000
最多1个	0.465282	28.15878	35.19275	0.2343
最多2个	0.341317	13.13438	20.26184	0.3532
最多3个	0.121688	3.114083	9.164546	0.5596
无约束协整检验（最大特征值检验）				
假设的CE数量	特征值	最大特征值检验	0.05临界值	概率**
无*	0.929180	63.54266	28.58808	0.0000
最多1个	0.465282	15.02440	22.29962	0.3730
最多2个	0.341317	10.02030	15.89210	0.3325
最多3个	0.121688	3.114083	9.164546	0.5596

注：(1) 迹检验表示在5%的显著水平上存在1个协整方程。

(2) 最大特征值检验表示在5%的显著水平上存在1个协整方程。

(3) * 表示在5%的显著水平上拒接原假设。

(4) ** 表示 P 值来自于 MacKinnon-Haug-Michelis (1999) 的研究。

包含常数项与时间趋势项的协整秩迹检验结果表明可以在5%的置信水平上拒绝"协整秩为0"的原假设（91.70>54.08），存在一个线性无关的协整向量（上表中打星号者）。而最大特征值检验也表明，可以在5%的置信水平上拒绝"协整秩为0"的原假设（63.5427>28.5881），但无法拒绝"协整秩为1"的原假设（15.0244<22.2996）。因此，$\ln Y$、$\ln K$、$\ln L$、$\ln E$ 这4个变量之间至少存在一个协整关系。

为分析变量间的协整关系，我们首先构建由 $\ln Y$、$\ln K$、$\ln L$、$\ln E$ 构成的 VAR 模型。为此，首先需要根据表 5-3 六个准则来确定各变量的最优滞后阶数。从最优滞后系数的检测结果可以看出，LR、FPE、

AIC、SC 和 HQ information criteria 共同显示最优滞后系数为 1，因此我们选择 1 为之后阶数。

表 5-3　　　　　　　　　　**滞后阶数选择**

Lag	LogL	LR	FPE	AIC	SC	HQ
0	7.465734	NA	8.91e−06	−0.277259	−0.082239	−0.223168
1	119.7541	179.6613*	4.11e−09*	−7.980325*	−7.005225*	−7.709874*
2	132.1687	15.89067	6.13e−09	−7.693492	−5.938311	−7.206680

注：(1) 内生变量包括 $\ln Y$，$\ln K$，$\ln E$ 和 $\ln L$；外生变量为 C。

(2) * 表示该准则下选择的阶数。

在此基础上，我们下面估计协整关系。根据标准化协整向量系数，可以建立相应的协整方程：

$$\ln Y=0.3864\ln K+0.6390\ln L+1.0687\ln E-5.7531 \qquad (5\text{-}20)$$

$$(0.16)\qquad (0.29)\qquad (0.21)$$

其中，括号里的值是标准误差。

公式（5-20）的结果表明，1985—2011 年，钢铁工业的产出与资本存量、劳动投入和能源消费量之间存在长期均衡关系。从公式（5-20）中我们也可以看出，所有的变量系数均在 5%的显著性水平下通过 t 统计量检验，而且其符号均符合前述的经济意义。其中，影响最显著的是能源投入量，系数为 1.07，即钢铁工业能源投入量每增加 1 个百分点，工业增加值就会上涨 1.07%，这与钢铁工业的高耗能特性是相符的。资本存量和劳动投入每上升 1 个百分点，分别带动工业增加值上升 0.39%和 0.64%。

（二）稳定性检验

为了保证所选模型的准确性，还必须验证 VAR 模型的稳定性。本书采用系数矩阵的特征根来分析结果的稳定性。图 5-4 给出了稳定性检验的结果，表明所有的特征根都小于 1，同时没有特征根位于单位圆外部。

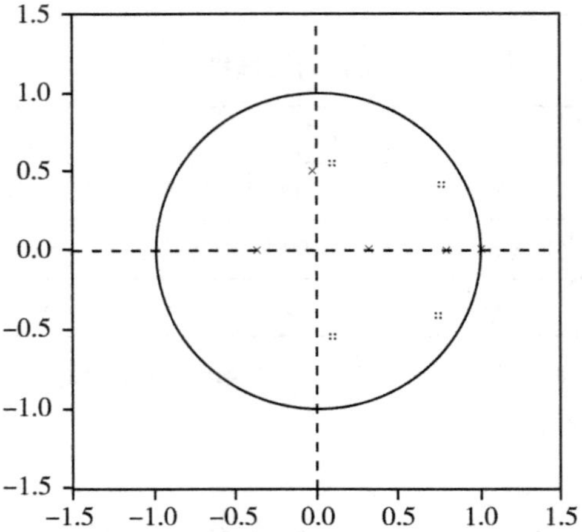

图 5-4　VAR 模型的特征根检验

（三）技术进步贡献率及反弹效应的测算

根据中国钢铁工业的基础数据，计算出各变量历年的增长率。将计算结果代入公式（5-11）中，可以测算出 1985—2011 年各个年份技术进步对钢铁工业产出增长的贡献率。最后将计算结果和钢铁工业的相关数据代入公式（5-11）~公式（5-14），由此计算出 1985—2011 年各个年份钢铁工业由技术进步所带来的能源消费的节约量、反弹量以及反弹效应的大小。具体的测算结果如表 5-4 所示。

表 5-4　**1986—2011 年中国钢铁工业能源消费反弹效应的测算结果**

年份	技术贡献率	能源节约量	反弹量	反弹效应
	%	百万吨标煤	百万吨标煤	%
1986	−0.98	−3.31	−5.64	1.70
1987	0.85	23.86	18.48	0.77

续表

年份	技术贡献率	能源节约量	反弹量	反弹效应
	%	百万吨标煤	百万吨标煤	%
1988	1.71	−16.41	−22.43	1.37
1989	3.09	−8.13	−9.33	1.15
1990	1.70	−18.15	−25.46	1.40
1991	−1.24	−1.37	−5.80	4.22
1992	0.68	33.01	21.57	0.65
1993	0.56	30.08	21.57	0.72
1994	2.94	−25.24	−28.68	1.14
1995	4.05	−66.66	−219.62	3.29
1996	0.36	−2.26	−1.98	0.88
1997	1.49	10.63	14.16	1.33
1998	−0.98	−3.31	−5.64	1.70
1999	1.28	25.77	28.12	1.09
2000	0.72	29.40	16.96	0.58
2001	0.96	29.18	26.68	0.91
2002	0.61	13.19	20.12	1.52
2003	0.26	43.43	19.85	0.46
2004	0.08	59.12	7.42	0.13
2005	−1.29	−31.06	−44.85	1.44
2006	−0.83	−5.50	−53.07	9.64
2007	−0.02	30.13	−1.54	−0.05
2008	0.27	47.97	22.24	0.46
2009	−0.92	12.15	−51.85	−4.27

续表

年份	技术贡献率	能源节约量	反弹量	反弹效应
	%	百万吨标煤	百万吨标煤	%
2010	-0.26	51.58	-15.26	-0.30
2011	0.98	60.81	64.09	1.05
1986—2011 年平均反弹效应：95.2%				
1986—1990 年平均反弹效应：117.2%				
1991—2000 年平均反弹效应：98%				
2001—2011 年平均反弹效应：75.6%				

能源效率的提高会减少获取同等能源服务（产出）所需要的能源投入，但由技术进步引起的能源效率的提高往往会伴随着能源需求的增加，因此会抵消部分由技术进步引起的潜在能源消费减少，即所谓的反弹效应。这个定义表明：如果某一年份技术进步贡献率负值，这种情况下相应计算出的能源反弹效应值是无效的，这个反弹效应值并不具有经济应用层面上的意义。因此我们下面的分析剔除了特殊的 1986 年、1991 年、1998 年、2005 年、2006 年、2007 年、2009 年和 2010 年这 8 个年份。

计算结果显示，钢铁行业技术进步导致的能源反弹效应比较大，1986—2011 年的中国钢铁工业能源消费的平均反弹效应为 95.2%（特殊的年份除外），且各年的差异比较大。1986—1990 年的平均反弹效应为 117.2%；1991—2000 年的平均反弹效应下降至 98%。但是，进入 21 世纪以来，反弹效应出现了进一步下降趋势，2001—2011 年的平均反弹效应为 75.6%，技术进步带来的能源强度的提高减少了能源消费。“十五”计划间（2001—2005 年），中国粗钢产量增长了 174.2%，钢铁工业的能源消耗只增长了 120%。中国重点钢铁企业的钢产量约占全国钢产量的 80%，其技术水平也基本代表了中国钢铁工业的主体水平。中国重点钢铁企业的吨钢消耗标准煤由 2000 年的 876 千克标准煤/吨降至2005年的741千克标准煤/吨，2005年比2000年吨钢综合能耗降低了15.4%。“十一五”期间，全国重点钢铁企业吨钢能耗更下降到2010年的604.6千克标准煤/吨，降幅达12.9%，各工序能耗均有不同幅度的下降。这一进步主要得益于两个方面：一是淘汰落后产能的政策，“十一五”期间，共淘汰落后炼铁产能12272万吨、炼钢产能7224万吨，促进了各工序单耗的下降；二是先进节能技术的推广应用，如干式TRT、转炉煤气回收利用等节能技术的普及率已达到50%以上，部分大型企业建立了能源管理中心，促进了钢铁工业节能。因此，总体来看，钢铁工业20世纪80年代的反弹效应明显比20世纪90年代要大（特殊的年份除外），20世纪90年代的反弹效应比2000年以后的反弹效应要大。虽然从历年反弹效应的变化看不出稳定的规律和趋势，但从测算的钢铁工业的反弹效应结果可以看出，中国钢铁工业的平均反弹效应变化趋势是下降的。

从表5-4中可以看出，个别年份的能源节约量为负值，即能源消费量是增加的。但我们认为这一结果并不意味着技术进步不能降低能源强度，而是与我国经济发展过程中的产业结构调整和中国工业化发展过程中所必须面对的重工化业密切相关。一方面，20世纪80年代开始，中国加快了工业化、城镇化进程，作为基础原材料产业的钢铁工业发展迅速，因为这一原因，所以可能在某些年份里表现为能源消费量的增加，尤其是个别年份钢铁工业产能甚至出现了过剩的现象。另一方面，技术进步的估算本身属于经济领域的难题，本书对技术进步贡献率的测算采用的是索罗余数法，在索罗模型中，技术进步的贡献是产出增长扣除资本、劳动等投入要素的贡献份额之后的余值，该余值反映了任何导致生产函数变动的因素。实际上，并非投入要素以外任何导致产出增加的因素都是技术进步。因此，生产函数中要素投入数量选择的差异以及估计方法的不同均可能影响技术进步对经济增长的贡献率从而影响反弹效应的估算结果。

五、本章小结

本书使用我国钢铁工业 1985—2011 年这 27 年的数据对占全国能源消费比重较高的钢铁行业由于技术进步引起的能源反弹效应进行了实证分析，验证了我国钢铁行业技术进步对能源消费存在反弹效应这一命题。结果显示，钢铁行业技术进步导致的能源反弹效应比较大，1986—2011 年中国钢铁工业能源消费的平均反弹效应高达 95. 2%。而且基于技术进步的钢铁工业能源消费的反弹效应存在下降趋势。1986—1990 年的平均反弹效应为 117. 2%，而 1991—2000 年平均反弹效应下降至 98%，进入 21 世纪以来，反弹效应出现了进一步下降趋势，2001—2011 年的平均反弹效应为 75. 6%，说明钢铁工业技术进步带来的能源强度的提高起到了一定的降低能源消费的作用。

虽然反弹效应的存在减弱了能源强度提高的节能降耗作用，但是本书的研究表明钢铁工业的能源消费反弹效应存在下降的趋势。因此，技术进步的节能降耗作用表现出逐渐增强的趋势，在中国提升能源利用的技术水平将逐渐成为能源有效利用和节约的重要手段。中国钢铁工业“十二五”规划提出，要在“十二五”期间进一步淘汰落后生产工艺装备和产品，加大研发投入（研发投入占主营业务收入达到 1. 5%以上），推进节能减排技术的应用，强化技术创新和技术改造，达到节能减排的目标。

进一步分析存在反弹效应的主要原因在于能源效率提高将会降低能源产品或服务的价格，使得能源投入相对于劳动、资本变得更加便宜，进而导致需求增加和消费量增加。另外，由于中国的能源企业基本国有，它们对国有能源资源的垄断以及政府的行政定价导致中国的化石能源价格长期保持较低水平，存在着大量的政府补贴。由于能源补贴政策会导致能源产品的终端价格下降，因此补贴政策的存在也会促进反弹效应，结果是企业和居民的能源消费量进一步提高，环境进一步恶化。钢铁工业的能源结构中，使用最多的能源是煤炭和焦炭，1985—2010 年，煤炭类化石能源消费平均占钢铁行业能源消费量的 88.7%。2007 年中国煤炭终端价格为 426.43 元/吨，估计煤炭成本价格为 521.01 元/吨（Lin 和 Jiang，2011），因此，煤炭终端价格仅为成本价格的 80%左右。说明我国煤炭等化石能源的价格远低于市场化的价格水平。

在此基础上，我们认为化石能源补贴改革将会是缓和反弹效应的一个有效的手段。进一步来说，化石能源补贴改革会提高能源终端价格，抑制能源消费的反弹效应，促使提高能效的技术方法更加有效，最终带来更多的经济和环境收益。

第六章　中国钢铁工业的要素替代和能源替代效应

一、能源替代效应：文献综述

能源替代理论植根于微观经济学中的生产理论，主要应用于研究国家或地区的整体经济或某个经济部门的各种生产要素对能源要素的替代关系或者各种能源品种之间的替代关系。能源替代研究包括能源和其他生产投入要素之间或者各种能源品种之间在多大程度上是替代的或者是互补的。能源替代问题是能源经济学中的一个基本问题，对能源的有效利用具有重要的政策指导意义。能源替代效应的存在意味着：政府可以选择提高高污染、高排放的能源品种的税收水平或价格的政策，从而促进其他清洁能源对该能源的替代，从而实现环境友好的可持续发展。

自从 1973 年的石油危机以来，对于能源替代问题的研究引起了广泛关注，大量文献讨论了能源和资本、能源和劳动是否存在替代关系或互补关系，一些文献证明能源和非能源要素存在替代关系，另一些文献表明在某些情况下能源和非能源要素存在互补关系。应用超越对数成本函数模型，Berndt 和 Wood（1975）估计了美国制造业 1947—1971 年的交叉价格弹性，研究发现在美国制造业部门，能源和资本之间存在替代关系，但能源和劳动之间存在互补关系。Griffin 和 Gregory（1976）采用同样方法对跨国数据的研究得到了类似的结果。Medina 和 Vega-Cervera（2001）的研究证明对于意大利来说，能源和资本之间存在一致的替代关系，但是能源和劳动之间的替代较弱。采用 1981—1997 年的季度数据，Cho 等（2004）的研究发现，工资率的变动和石油消费的突然上涨对韩国的能源外部替代和内部替代效应具有深远的影响。Arnberg 和 Bjørner（2007）研究了丹麦制造业企业的要素替代效应和能源品种间的替代效应，结果表明能源和资本是互补的，同时，电力和其他能源品种之间存在有限的替代关系。Thompson（2013）对美国 1970—2007 年的数据分析表明所有投入要素之间存在替代关系。Haller 和 Hyland（2014）对于爱尔兰制造业部门 1991—2009 年的数据分析表明，在能源密集型企业中能源和资本之间的替代关系较强。

对于中国早期的生产要素替代研究中并没有包括能源要素。近年来逐渐出现了一些针对中国各个部门的能源替代效应的研究。Ma 等（2008）对中国整体经济的分析表明能源和资本、能源和劳动存在显著的替代关系。Smyth 等（2011）通过对生产函数估计测算了中国钢铁行业的能源替代效应。研究表明，中国钢铁行业存在显著的能源资本替代效应，通过取消能源价格管制有助于将该行业升级为资本密集型行业，从而实现大量的节能减排。运用多元回归分析，黄光晓和林伯强（2011）研究了中国工业部门能源和资本之间的 Morishima 弹性系数和交叉价格弹性，结果表明长期技术替代潜力巨大。董会忠等（2012）同样分析了中国钢铁工业的 Morishima 弹性系数，结果表明能源对劳动和资本要素的替代效应较大，劳动和资本对能源的替代效应较小，说明了行业的能源密集特征。通过岭回归方法，Lin 和 Presley（2013）的研究关注了中国化学工业的能源内部替代效应，结果表明存在石油、天然气和电力对煤炭的替代关系。Zha 和 Zhou（2014）提出了应用一个结合超越对数成本函数和不变弹性函数的模型对中国工业 1994—2008 年的能源替代效应进行估计，结果表明生产要素之间的替代效应在不同部门之间、不同地区和不同时期都有所不同。

如今，由于能源问题成为中国经济发展中一个重要约束，对于能源密集型行业能源替代问题的研究十分必要。本书将尝试对中国钢铁工业部门的能源替代问题进行研究，运用技术进步非中性的超越对数成本函数，估算中国钢铁工业的能源外部替代（资本和劳动对能源替代）和内部替代（煤炭、油类和电力等能源品种之间）效应，同时分析技术进步对能源替代的作用。

二、模型设计

通过文献整理发现，大多数实证分析采用技术进步中性的假定，但是在实际情况中，各种生产要素对产出的影响不仅仅与该投入要素的数量变化相关，还受到技术进步的影响，因此，应该改变技术进步中性的假定。为了反映技术进步的影响，在能源替代问题的研究中，有两种不同的方式，一是采用超越对数生产函数，二是使用超越对数成本函数。采用超越对数生产函数的文献比如 Smyth 等（2011），Lin 和 Presley（2013）。但是，在使用超越对数生产函数估计时，该函数隐含假定投入要素内生，在运用线性回归方法进行分析的时候会与其假设发生冲突，导致能源与其他要素之间的弹性系数估计发生偏差（黄光晓和林伯强，2011）。

相对于生产函数，成本函数更有助于发现当能源价格变动时，能源与其他要素的真实替代效应；同时，成本函数还能够反映产出结构的变动情况。因此，自 Christensen 等（1973）提出以后，目前国际上对能源替代问题的研究大多采用超越对数成本函数进行，例如 Berndt 和 Wood（1979），Cho 等（2004），Debertin 等（1990），Christopoulos 和 Tsionas（2002），Welsch 和 Ochsen（2005），Ma 等（2008），Zha 和 Zhou（2014）。

基于 Welsch 和 Ochsen（2005），Ma 等（2008）的模型，本书将建立一个基于超越对数成本函数的技术进步非中性的分析模型，来分析中国钢铁工业生产要素替代效应和能源品种间的替代效应。首先，模型基于以下几个基本的假定：（1）生产函数对于投入要素和能源品种具有弱可分性；（2）投入要素或能源品种具有同质性；（3）规模报酬不变；（4）技术进步由时间趋势项 t 进行表示。

假定钢铁工业的生产函数形式如下：

$$Y=f(A,\ K,\ L,\ E) \tag{6-1}$$

其中，Y 表示产出，$f(.)$ 表示生产函数，K、L 和 E 分别表示资本、劳动和能源投入，A 表示技术进步。由于本书选择超越对数成本函数进行估计，如果生产要素和产出水平外生给定，那么超越对数形式的成本函数可以表示为：

$$\ln TC=\beta_0+\sum_{i=1}^{m}\beta_i\ln P_{it}+\frac{1}{2}\sum_{i=1}^{m}\sum_{j=1}^{m}\beta_{ij}\ln P_{it}\ln P_{jt}+\beta_t t+\frac{1}{2}\beta_{tt}t^2+\beta_y\ln Y_t$$
$$+\frac{1}{2}\beta_{yy}(\ln Y_t)^2+\sum_{i=1}^{m}\beta_{iy}\ln P_{it}\ln Y_t+\sum_{i=1}^{m}\beta_{it}t\ln P_{it}+\beta_{yt}t\ln Y_t \tag{6-2}$$
$$\beta_{ij}=\beta_{ji}\quad \text{for all}\quad i\neq j$$

其中，TC 表示钢铁工业总生产成本，P_{it}（P_{jt}）表示生产要素价格，i 和 j 表示资本、劳动和能源。t 是时间趋势变量，用来反映技术水平的变动（Welsch and Ochsen，2005）。参数 β_i 用来度量与投入要素价格无关的成本份额，β_{ij} 是替代参数，用来度量成本份额如何随着要素价格而变化。根据要素价格的同质性假定，可以得到以下约束性条件：

$$\sum_{i=1}^{m}\beta_i=1,\ \sum_{j=1}^{m}\beta_{ij}=0,\ \sum_{i=1}^{m}\beta_{iy}=0,\ \sum_{i=1}^{m}\beta_{it}=0,\ i,\ j=1,\ \cdots,\ m \tag{6-3}$$

根据谢泼德引理，对公式（6-2）中的要素价格求微分可以得到相应的生产要素需求函数：

$$S_{factor}=\beta_i+\sum_{j=1}^{m}\beta_{ij}\ln P_{jt}+\beta_{iy}\ln Y_t+\beta_{it}t \tag{6-4}$$

为了进一步对能源品种间的替代效应进行分析，根据公式（6-4），超越对数形式的能源价格函数可以表示为：

$$\ln P_E=\gamma_0+\sum_{i=1}^{n}\gamma_i\ln P_{it}+\frac{1}{2}\sum_{i=1}^{n}\sum_{j=1}^{n}\gamma_{ij}\ln P_{it}\ln P_{jt}+\sum_{i=1}^{n}\gamma_{it}t\ln P_{it} \tag{6-5}$$

这里，P_E 表示总能源价格指数，P_{it}（P_{jt}）表示 t 时间的能源品种价格，i 和 j 等于煤炭、石油和电力，t 同样是时间趋势变量。通过对公式（6-5）求微分，我们同样可以得到各个能源品种的份额函数如下：

$$S_{fuel} = \gamma_i + \sum_{j=1}^{n} \gamma_j \ln P_{jt} + \gamma_{ii} t \tag{6-6}$$

接下来，根据对生产要素份额函数和能源品种份额函数的估计，我们可以进行弹性系数的计算。弹性系数最早是由 Hicks 提出，定义为两种要素比例的变化率与边际技术替代率的变化率之比。Allen 和 Hicks 对 Hicks 弹性系数进行了改进，提出了 Allen 弹性系数（AES）的概念，在前述的超越对数成本函数框架下 Allen 弹性系数和要素自交叉价格弹性可以表示为：

$$\sigma_{ij} = 1 + \beta_{ij}/S_i S_j \quad \forall i \neq j \quad \text{and} \quad \sigma_{ii} = (\beta_{ii} + S_i^2 - S_i)/S_i^2 \tag{6-7}$$

其中，$S_i(S_j)$ 表示第 $i(j)$ 个生产要素的成本份额，σ_{ij} 表示要素间的弹性系数，σ_{ii} 表示要素需求的自交叉价格弹性。σ_{ij} 为正，表示第 i 种要素和第 j 种要素之间存在替代关系；σ_{ij} 为负，表示第 i 种要素和第 j 种要素之间存在互补关系。Allen 弹性系数被广泛运用于要素替代的研究中。

此后 Allen 在此基础上提出了交叉价格弹性定义，反映一种要素价格发生变动时另一种要素投入量的变化，即：

$$\eta_{ii} = \sigma_{ii} S_i \quad \text{and} \quad \eta_{ij} = \sigma_{ii} S_j \quad \forall i \neq j \quad \text{for} \quad i, j = K, L, E \tag{6-8}$$

η_{ij} 表示第 j 个要素价格变动后第 i 个要素需求量的变动情况。同时，应用公式（5-6）的估计结果，我们同样能够得到不同能源品种间的 AES 和 CPE。

根据 Pindyck（1979）和 Cho 等（2004），同时考虑要素需求替代效应和能源品种间替代效应的整合的能源品种的自交叉价格弹性和交叉价格弹性可以表示为：

$$\eta_{ii}^* = \eta_{ii} + \eta_{EE} S_i \quad \text{and} \quad \eta_{ij}^* = \eta_{ij} + \eta_{EE} S_j \quad \text{for} \quad i, j = \text{Coal, Oil, Electricity} \tag{6-9}$$

为了更进一步分析技术进步对钢铁工业能源需求的影响，我们将会对钢铁工业的能源强度变动进行分解分析。能源强度是表示能源效率的指标，等于单位产出所需要的能源投入量，运用基于能源要素的份额函数的估计结果，可以对能源强度进行分解，表示如下：

$$\hat{Ei}_t = E_t / Y_t = P_{y,t} / P_{e,t} \cdot S_{\text{factor}, e}$$

$$= P_{y,t}/P_{e,t} \cdot (\hat{\beta}_e + \hat{\beta}_{el} \cdot \ln P_l + \hat{\beta}_{ee} \cdot \ln P_{et} + \hat{\beta}_{ek} \cdot \ln P_{kt} + \hat{\beta}_{ey} \cdot \ln P_{yt} + \hat{\beta}_{et} \cdot t)$$

$$= P_{y,t}/P_{e,t} \cdot \hat{\beta}_e + P_{y,t}/P_{e,t} \cdot (\sum_{i=1}^{m} \hat{\beta}_{ei} \cdot \ln P_{it}) + P_{y,t}/P_{e,t} \cdot \hat{\beta}_{ey} \cdot \ln P_{yt} + P_{y,t}/P_{e,t} \cdot \hat{\beta}_{et} \cdot t$$

$$= E\hat{i}_{1t} + E\hat{i}_{2t} + E\hat{i}_{3t} + E\hat{i}_{4t} \tag{6-10}$$

其中，E_i 表示能源强度，$\hat{\beta}$是对系数β的估计值，$S_{\text{factor},e}$表示能源成本份额。根据 Welsch 和 Ochsen（2005）的研究，$E\hat{i}_{it} = P_{y,t}/P_{e,t} \cdot \hat{\beta}_e$ 表示能源价格对能源强度的预算效应；$E\hat{i}_{2t} = P_{y,t}/P_{e,t} \cdot (\sum_{i=1}^{m} \hat{\beta}_{ei} \cdot \ln P_{it})$ 反映了要素替代效应对能源强度的影响；$E\hat{i}_{3t} = P_{y,t}/P_{e,t} \cdot \hat{\beta}_{ey} \cdot \ln P_{yt}$ 测量的是产出效应对能源强度的影响；$E\hat{i}_{4t} = P_{y,t}/P_{e,t} \cdot \hat{\beta}_{et} \cdot t$ 反映的是能源强度变动的技术效应。

把能源强度的变动的影响因素分解成四个效应，可以表示为：

$$\frac{\Delta \hat{E}i}{\hat{E}i} = \sum_{j=1}^{4} \frac{\Delta \hat{E}i_j}{\hat{E}i_j} \cdot \frac{\hat{E}i_j}{\hat{E}i} \tag{6-11}$$

其中，$\hat{E}i$ 和 $\hat{E}i_j$ 表示基年的能源强度，$\Delta \hat{E}i$ 和 $\Delta \hat{E}i_j$ 表示相对于基年的变动情况。

三、变量和数据来源

本书采用中国钢铁工业 1985—2011 年的时间数据进行实证分析。通过两步似不相关回归方法（SUR）对超越对数成本函数中的各个参数进行估计。基于模型的设计，本书需要对中国钢铁工业的产出数据、投入要素和其价格数据进行实证分析。此外，为了分析能源品种之间的替代效应，我们还需要各个能源品种（煤炭、石油和电力）的消费量和价格数据。所有的变量和数据来源如下。

钢铁工业产出：本书选取钢铁工业增加值作为其产出数据。数据来源于 CEIC 中国数据库。为了消除价格因素的影响，我们使用历年冶金工业品出厂价格指数对原始数据进行平减，将其转换为 1985 年不变价的实际工业增加值。

劳动投入：本书采用从业人员人数作为衡量劳动投入的指标，利用钢铁工业的从业人员数作为其劳动投入数据。钢铁工业的从业人员数来自历年《中国统计年鉴》中的全部职工年均人数。由于数据的缺失，对于 1999—2002 年钢铁工业从业人员的数据，本书利用《中国统计年鉴》中全员劳动生产率乘以工业增加值计算得到。

劳动力的实际价格用实际工资表示。由于具体行业的实际价格数据缺失，这里使用制造业职工年平均工资来进行替代，制造业职工年平均工资来自于 CEIC 中国数据库。实际工资数据同样调整为 1985 年不变价。

资本投入：由于中国没有关于资本存量的统计数据，对于钢铁工业资本存量需要进行估计。永续盘存法是常用的资本存量估计方法，和第四章相同，本章同样运用该方法对钢铁工业的年度资本存量进行了估计。

资本的实际价格可以用实际利率表示。实际利率计算表达式为：

$$P_{k,t} = r(t) + \delta(t) - \pi(t) \tag{6-12}$$

其中，$r(t)$ 表示名义利率，$\delta(t)$ 表示折旧率，$\pi(t)$ 表示通货膨胀率。名义利率和通货膨胀数据都来自于 CEIC 中国数据库。折旧率仍然采用 9.6%。

能源投入：钢铁工业各种能源消费量数据同样来自于历年《中国统计年鉴》，对于 1993 年钢铁工业能源消费量的缺失，本书利用回归方法估计得到。这里，根据 Cho 等（2004）的研究，将总能源消费量数据分成三大类燃料：煤炭（包括煤炭和焦炭），石油（包括汽油、煤油、柴油和燃料油）和电力。本书将对三类燃料间的替代效应进行分析。本书忽略了天然气消费量的原因在于：1985 年到 2011 年期间，天然气消费量平均占钢铁工业总能源消费量的 0.42%，天然气在钢铁工业中消费比例十分微小，忽略天然气不会影响到能源品种间替代效应的估计。

煤炭、石油和电力的价格指数分别使用煤炭、石油和电力工业出厂价格指数，该指数来自于 CEIC 中国数据库。由于分析中使用的是实际价格，因此对各能源品种价格都进行了平减。由于这些能源品种的热值不同，其价格数据不具有可比性。在建立钢铁工业总能源价格时，本书使用煤炭、石油和电力的市场价格①，利用加权的方法对总能源价格进行了估计：

$$P_{e,t} = \sum_i \lambda_{i,t} \cdot p_{i,t} \tag{6-13}$$

这里，$P_{e,t}$ 表示总能源价格，$\lambda_{i,t}$ 表示每种能源品种的份额，i 表示煤炭、石油和电力。

四、实证结果

（一）生产要素替代的估计结果

本书运用 Eviews 6.0 软件进行估计。由于需要估计的三种生产要素的份额函数是相互关联的，需要对几个方程同时进行估计，即采用系统估计方法。系统估计使得其中一个方程的回归参数与系统内部其他方程的回归参数相同或者相关，因而能够解决各方程残差之间的相关问题（董会忠等，2012）。表 6-1 给出了中国钢铁工业超越对数成本函数和要素份额函数的系数估计结果。

表 6-1 **生产要素成本份额函数的参数估计结果**

参数	预测值	标准误差	T 值	概率
C（1）	0.677	0.110	6.182	0.00000

① 能源品种（煤炭、石油和电力）的市场价格序列通过各品种 2011 年的市场价格和相应的生产价格指数建立。

续表

参数	预测值	标准误差	T 值	概率
C（2）	−0. 112	0. 048	−2. 250	0. 00300
C（3）	−0. 030	0. 019	1. 850	0. 05000
C（4）	−0. 086	0. 027	−3. 234	0. 00190
C（5）	0. 019	0. 003	6. 322	0. 00000
C（6）	0. 584	0. 070	8. 305	0. 00000
C（7）	0. 100	0. 015	7. 517	0. 00000
C（8）	−0. 006	0. 012	−0. 486	0. 62850
C（9）	−0. 010	0. 001	−8. 581	0. 00000
C（10）	0. 168	0. 026	6. 390	0. 00000

$$S_k = C(1) + C(2)\cdot \ln P_k + C(3)\cdot \ln P_l - (C(2) + C(3))\cdot \ln P_e + C(4)\cdot \ln Y + C(5)\cdot t$$

$$S_l = C(6) + C(3)\cdot \ln P_k + C(7)\cdot \ln P_l - (C(3) + C(7))\cdot \ln P_e + C(8)\cdot \ln Y + C(9)\cdot t$$

$$S_e = 1 - (C(1) + C(6)) - (C(2) + C(3))\cdot \ln P_k - (C(3) + C(7))\cdot \ln P_l + C(10)\cdot \ln P_e - (C(4) + C(8))\cdot \ln Y - (C(5) + C(9))\cdot t$$

资本投入、劳动投入和能源投入份额函数的调整的 R^2 分别为92%、96%和84%。从表6-1中可以看出，大部分的参数估计结果的符号符合预期，同时在5%的水平下是显著的。

接下来将表6-1的参数结果，代入公式（6-7）和公式（6-8）中，我们可以得到钢铁工业生产要素需求的Allen弹性系数 σ_{ij} 和交叉价格弹性 η_{ij}。当计算弹性系数时，本书使用的是1985—2011年各要素的平均成本份额，劳动、资本和能源的平均成本份额为0. 15、0. 373和0. 477。生产要素需求的弹性系数估计结果如表6-2所示。

表6-2　中国钢铁工业生产要素需求的弹性系数（σ_{ij}）和交叉价格弹性（η_{ij}）

弹性	预测值	弹性	预测值
σ_{kk}	-1.76496	η_{kk}	-0.65877
σ_{ll}	-1.44715	η_{ll}	-0.2174
σ_{ee}	-0.35882	η_{ee}	-0.17098
σ_{kl}	1.623958	η_{kl}	0.243966
		η_{lk}	0.606138
σ_{ke}	0.870472	η_{ke}	0.4148
		η_{ek}	0.324901
σ_{le}	0.088542	η_{le}	0.042192
		η_{el}	0.013302

从表6-2中可以得到中国钢铁工业生产要素需求的几个特征：

第一，弹性系数σ_{kk}、σ_{ll}和σ_{ee}符号均为负，表明各生产要素需求变动都和要素价格负相关。资本、劳动和能源的自交叉价格弹性（$\eta_{kk}=-0.659$，$\eta_{ll}=-0.217$，$\eta_{ee}=-0.171$）依次下降，反映钢铁工业能源要素价格变动对自身需求的影响小于资本和劳动要素。原因表现在以下两方面：一是中国的能源价格一直受政府控制，能源价格一直保持在较低水平，变动幅度较小；二是钢铁工业是能源密集型工业，能源需求的刚性导致价格因素对需求的影响不大。

第二，弹性系数σ_{ke}的估计结果为正，表明能源和资本之间存在替代关系。该结果同Griffin和Gregory（1976），Pindyck（1979），Ma等（2008）的研究结果相一致。能源和资本的交叉价格弹性分别为$\eta_{ke}=0.415$、$\eta_{ek}=0.325$，反映能源价格上涨会引起资本投入的增加，资本价格上涨同样也会刺激能源消费，但二者比较而言，资本对能源价格的变动更加敏感。因此，放松能源价格管制对节能减排具有正效应。

第三，弹性系数σ_{le}的估计结果为正，表明能源和劳动也存在替代关系。然而比较而言，能源和劳动交叉价格弹性的系数值较小，表明在钢铁行业能源和劳动的替代关系较弱。当政府放松能源价格管制，能源价格出现上涨，钢铁企业会逐渐减少能源的使用，对节能资本的投入实现了大部分能源消费的有效替代，但是能源价格变动对劳动的替代效应并不明显。可能的原因在于，钢铁工业属于能源资本密集型工业，增加劳动投入对于产出的影响是有限的。

第四，弹性系数 σ_{kl} 为正，表明劳动和资本仍然为替代关系。两者的交叉价格弹性分别为 $\eta_{kl}=0.244$、$\eta_{lk}=0.606$。因此，资本对劳动的替代效应较强，而劳动对资本的替代效应较弱，进一步反映了该行业的资本密集型特征。

Smyth 等（2011）运用超越对数生产函数从产出弹性角度估计了中国钢铁工业的要素需求弹性，本书的基本结果和前者相一致，即都表明资本和能源，劳动和能源，资本和劳动之间存在替代关系。然而，和前者相比，本书的优势在于对交叉价格弹性进行了估计，因此能够进一步表明要素价格变动对要素需求的影响，并且从价格机制角度进行了深入分析。

（二）能源品种替代的估计结果

再次运用似不相关回归估计方法对能源品种份额函数的参数进行估计，结果如表 6-3 表示。煤炭、电力和石油份额函数的调整 R^2 分别为 0.96、0.95 和 0.91。主要的参数在 5%的显著水平下是统计显著的。

表 6-3　　　　**能源品种份额的参数估计结果**

参数	预测值	标准误差	T 值	概率
C（1）	0.351	0.011	31.535	0
C（2）	0.205	0.018	11.294	0
C（3）	−0.202	0.017	−11.664	0
C（4）	−0.005	0.001	−6.683	0

续表

参数	预测值	标准误差	T 值	概率
C（5）	0.623	0.116	5.394	0
C（6）	0.555	0.015	37.629	0
C（7）	0.201	0.017	11.535	0
C（8）	0.008	0.001	8.343	0
C（9）	0.635	0.115	5.520	0
C（10）	0.002	0.003	0.584	0.56
C（11）	0.643	0.112	5.738	0

将表6-3中各能源品种份额函数的参数估计结果，代入公式（6-7）~（6-9）中，我们可以得到钢铁工业能源品种需求的Allen弹性系数 σ_{ij}、交叉价格弹性 η_{ij} 和同时考虑要素替代能源品种替代的整合弹性 η_{ij}^{*} 估计。这里同样使用1985—2011年的平均能源品种份额，煤炭、电力和石油的平均成本份额分别为0.501、0.419和0.080。

表6-4　**中国钢铁工业的能源品种需求的弹性系数（σ_{ij}）、交叉价格弹性（η_{ij}）和整合交叉价格弹性（η_{ij}^{*}）**

弹性系数（σ_{ij}）	预测值	交叉价格弹性（η_{ij}）	预测值	整合交叉价格弹性（η_{ij}^{*}）	预测值
σ_{co-co}	-0.18097	η_{co-co}	-0.09067	η_{co-co}^{*}	-0.18546
σ_{el-el}	-0.24369	η_{el-el}	-0.102	η_{el-el}^{*}	-0.17357
σ_{oi-oi}	-11.1787	η_{oi-oi}	-0.89907	η_{oi-oi}^{*}	-0.91282
σ_{co-el}	0.037678	η_{co-el}	0.01577	η_{co-el}^{*}	-0.0558
		η_{el-co}	0.018877	η_{el-co}^{*}	-0.06679
σ_{co-oi}	0.931232	η_{co-oi}	0.074896	η_{co-oi}^{*}	0.061144
		η_{oi-co}	0.466558	η_{oi-co}^{*}	0.380893

续表

弹性系数 (σ_{ij})	预测值	交叉价格弹性 (η_{ij})	预测值	整合交叉价格弹性 (η_{ij}^*)	预测值
σ_{el-oi}	1. 033508	η_{el-oi}	0. 083122	η_{el-oi}^*	0. 06937
		η_{oi-el}	0. 432587	η_{oi-el}^*	0. 36102

从表 6-4 中可以得到中国钢铁工业能源品种需求的几个特征：

第一，弹性系数 σ_{co-co}、σ_{el-el} 和 σ_{oi-oi} 符号均为负，表明各个能源品种的需求变动都和自身价格负相关。其中石油的需求受到自身价格的影响较大（ η_{oi-oi} =-0. 90)，但煤炭和电力的消费受到自身价格的影响并十分明显。

第二，三类能源品种之间的弹性系数大部分为正，表明能源品种之间存在两两替代关系。煤炭和电力是钢铁工业的最主要能源品种。本书的估计结果意味着中国钢铁工业具有从煤炭向电力替代的潜力。然而，除了煤炭对石油，电力对石油以外，大多数弹性系数值偏小，反映了在过去的 27 年里，中国钢铁工业的能源品种间的替代效应较小。未来的政策应该向着促进能源替代努力。

第三，从表 6-4 中还可以看出，除石油以外，钢铁工业能源品种间的自交叉价格弹性与交叉价格弹性相对较小，某种能源品种价格的变化对其自身需求量的影响及对其他能源需求量的影响相对较弱。具体分析该现象，可能存在如下的原因：我国能源价格的市场化改革进程缓慢。三类能源品种之中，石油的市场化程度最高，因此，石油价格的变化往往对其他能源需求的传递更为顺畅。煤炭价格改革过程比较缓慢，从 1985 年开始，煤炭长期受到“双轨制价格”政策的控制，2006 年之后，煤炭才真正回到了市场为主要导向的定价机制。我国电力的价格更是长期受到政府控制，电价一直是根据历史水平以及需要的新增费用（燃料、建设、运营与维修成本，以及规定利润的平均值）而行政性地决定（增加）的，结果是电价不能够反映真实的机会成本。因此，政府控制的能源产品市场阻碍了能源品种间的价格机制传递。中国未来的经济体制改革要使市场在资源配置中起决定性作用和更好地发挥政府作用，发挥价格的自发调节作用（冯素玲，2004）。此外，由于技术条件限制，钢铁行业已有的生产设备和工艺决定了不能在短期内改变煤炭的主导地位。

（三）技术进步的作用

进行能源投入问题分析不能够忽视能源投入和工业产出之间的关系，也就是效率问题的分析。随着节能减排技术的应用，中国钢铁工业能源效率得到了显著的提高。能源强度的变化反映了行业能源使用效率的情况，根据第三章的预测结果，在基准情形下，中国钢铁工业的能源强度将从 1985 年的 46 吨标准煤/万元下降到 2020 年的 17.09 吨标准煤/万元（1985 年价格水平表示）。在本章中，为了分析技术进步对能源效率提高的影响程度，根据公式（6-10）将能源强度变动原因分解为预算效应、替代效应、产出效应和技术效应四大影响因素。根据经济发展“五年规划”，钢铁工业的能源强度指标也是每五年制定，因此本书以 1985 年为基年，将研究区间内每个五年计划末年的变化情况代入公式（6-11）计算得到中国钢铁工业能源强度变化及其因素分解结果（见表 6-5）。

表 6-5　　**中国钢铁工业能源强度变动分解**

时间	预算效应（%）	替代效应（%）	产出效应（%）	技术效应（%）	$\Delta \hat{EI}/\hat{EI}$（%）
1990	2.67	8.99	3.00	−8.31	6.34
1995	−1.08	−3.77	−0.93	−6.80	−12.58
2000	−2.32	−8.73	−2.38	−10.31	−23.73
2005	−1.68	−6.10	−1.37	−14.93	−24.07
2010	−1.35	−4.67	−0.75	−20.58	−27.35

表6-5的计算结果显示，1985年至2011年间，中国钢铁工业能源强度总体呈现下降趋势。除1990年能源强度有所上升外，“八五”计划、“九五”计划、“十五”计划和“十一五”计划末年能源强度比1985年分别下降了12.58%、23.73%、24.07%，和27.35%左右。

分解分析还表明技术进步是中国钢铁工业能源强度下降的最主要因素。节能技术的推广和应用导致了能源使用效率的提高。“十一五”计划末年技术进步效应带来的能源强度下降达到了20.58%。技术进步可以表现在两个方面，一方面表现在钢铁生产工艺水平，另一方面表现在节能减排技术的推广。现今流行的钢铁生产工艺有两种，一种是高炉/转炉流程，另一种是电炉流程。在世界范围内，高炉/转炉流程占钢铁工业的比重为65%，电炉流程约为30%（国际钢铁协会，2012）。高炉/转炉流程的生产原料是铁矿石，而电炉流程的生产原料是回收的废钢（Ali等，2014）。因此，高炉/转炉流程的能源消费量大大高于电炉流程。虽然冶金生产都具有比较复杂的设备，同时生产设备又都具有较长的生命周期，但是由于在过去的30年时间里，不同地区的钢铁工业处于不同的发展阶段，中西部地区较晚建立的钢铁工业拥有较新的技术设备，总体上提升了全国总体的设备技术水平。特别是近年来电炉炼钢工艺的不断推广，在一定程度上也提高了整体能源效率。另外，随着政府和企业对节能减排的认识和关注，节能减排技术的推广和应用提高了能源使用效率。20世纪80年代，节能技术的应用还仅限于单个设备或工序上面。20世纪90年代开始，钢铁企业开始注重对生产流程优化进而带来了系统节能，从1990年到1999年的10年间，我国钢产量增长了将近1倍，而能源消耗总量仅增加了约31%（郦秀萍等，2011）。进入21世纪后，随着钢铁生产流程的拓展和“三干”① 技术的推广和应用，钢铁工业总体能源强度显著降低。从2008年起，国家发改委又陆续出台了七批国家重点节能技术推广目录，并在冶金行业全面推广，成为钢铁工业能源效率提高的最重要原因。

① “三干”技术：高炉煤气干法除尘、转炉煤气干法除尘和干熄焦技术。

除此之外，由于生产要素价格之间的互相影响导致能源替代效应的存在也一定程度上减少了能源投入，对能源效率提高起到了促进作用。“十一五”计划末年能源替代效应带来的能源强度下降为4.67%。最后，预算和产出效应对能源强度下降的影响比较微小。

五、本章小结

本书基于技术进步非中性的超越对数成本函数估计了中国钢铁工业1985—2011年的长期能源与资本和劳动力投入要素的替代效应，以及各能源品种间的替代效应。在此基础上进一步分析了中国钢铁工业的能源强度的情况及技术进步对能源强度的影响。研究主要结论如下：(1)中国钢铁工业能源投入的自交叉价格弹性为负；(2)能源和资本、能源和劳动要素之间存在替代关系；(3)煤炭、石油和电力等能源品种之前存在替代关系；(4)技术进步是导致钢铁工业能源强度下降的最重要影响因素。

基于以上基本结论，本书提出以下三点建议。

首先，中国钢铁工业能源和资本、能源和劳动之间存在替代关系，但是能源和资本间的替代相对较强，能源和劳动间的替代关系较弱。由于资本对能源价格变动较为敏感，通过能源和资本之间的替代可以实现能源节约。能源密集型工业将面临越来越大的节能压力，进一步加大节能投资能够促进资本对能源的替代，提高能源效率。

其次，虽然主要能源品种之间也存在替代关系，但受制于缓慢的能源价格机制改革，替代效应并不十分明显。因此，政府应进一步推进能源定价机制改革，让价格机制在节能减排中发挥作用。特别是对于清洁能源的发展，如果火电价格能反映其包括环境成本在内的真实生产成本，那么水电、太阳能和生物质能等清洁能源的市场价格将更具有竞争力。

最后，在研究区间内，中国钢铁工业的能源强度下降了27%左右。分解分析表明了技术进步是钢铁工业能源强度下降的最主要因素。尽管中国钢铁工业的技术水平已经有一定程度的提高，对于节能技术的应用在未来仍有进一步提高的空间。根据中国工业和信息化部（2010）统计，高炉煤气余压透平发电（TRT）、干熄焦（CDQ）和干法除尘技术的普及率仅为30%、52%和20%。因此，提高技术的普及率能够进一步促进节能减排。

第七章　中国钢铁工业低碳转型的路径选择

一、碳强度和能源强度的内涵

（一）碳强度和能源强度的定义

中国现阶段的碳排放呈现上升的趋势，有很多的影响因素。经济的飞速发展需要能源的支持，中国以煤为主的能源结构决定了碳排放必定会大幅增加，而处于工业化、城市化阶段的国情决定了中国不可能以牺牲经济增长为代价减少二氧化碳排放。由此可见生产部门的能源强度和人均 GDP 是最重要的影响因素，因此减少二氧化碳的排放，需要我们从这两方面入手。

能源强度是指计算一个国家在一定时期内单位国内生产总值的能源消耗量，是衡量能源利用效率的指标，可指降低一定 GDP 产出的能源使用量（节能），或者一定量的能源生产出更多的 GDP。用公式表示为：

$$能源强度 = \frac{E}{GDP} \tag{7-1}$$

其中，E 代表能源消耗量。

当然，节能的同时意味着减排，降低能源强度客观上有降低能源对环境影响的作用。降低能源强度还在于为满足经济发展提供稳定和可持续的能源供给量，基本上是一个能源使用量的问题。

中国在“十一五”规划中，明确提出了能源强度目标，要求每单位国内生产总值的能耗要比2005年降低20%，以应对经济社会发展中日益凸显的能源约束，以及日益严重的环境问题。就目前完成的情况看，还有一定差距，这个阶段性目标的完成面临一定的压力。

碳强度是指单位GDP的二氧化碳排放量，用公式表示为：

$$碳强度=\frac{C}{GDP} \tag{7-2}$$

其中，C 代表二氧化碳的排放量。

碳强度高低并不表明效率高低，还需要GDP的实现。一般情况下，碳强度指标是随着技术进步和经济增长而下降的。

碳强度从实际意义上来说，取决于下面的因素：

（1）化石能源的碳排放系数；

（2）化石能源的结构；

（3）化石能源在能源消费总量中的比例；

（4）能源强度。

前三个因素实际上就是碳强度和能源强度从理论上的区别。另外，碳强度还取决于技术进步、经济增长、产业结构变化、农业工业化和城市化进程与规模等。

2009年9月中国政府首次提出降低“碳强度”，国家发改委制定了到2020年中国单位GDP二氧化碳排放比2005年下降40%～45%的指标。相对于能源强度而言，碳强度也受能源效率影响，但主要受能源结构的影响，因此，是一个能源质量（清洁能源在能源结构中的比例）问题。

与能源强度一样，碳强度还受宏观因素的影响，比如经济发展阶段、产业结构、技术水平、能源和环境政策，等等。从能源强度到碳强度的目标约束变化，体现了中国能源政策将面临一个战略性的转变，即从“十一五”时期以提高能源利用效率为主，转变为今后将气候变化因素引入能源战略规划作为约束目标。

过量温室气体排放带来的全球变暖问题，已经直接影响到人类的生产生活，这一点已基本在全球范围内达成普遍共识。最近几年，随着问题的日益严峻，如何实现低碳经济和可持续发展成为各个国家都不得不面对的棘手难题。气候问题是个全球性的问题，哪个国家都不能排除在外。中国作为目前世界最大的二氧化碳排放国家（2007 年起二氧化碳排放量超过美国，成为世界第一大碳排放国），将面临着来自国际社会，尤其是来自要求发展中国家承担减排义务的发达国家的巨大压力。从碳强度这个指标进行量化分析，与其他国家达成共识，具有一定的可行性。

一般来说，发达国家的能源结构相对“清洁”，低碳与节能的关联比较密切。发达国家的能源效率相对比较高，所以能源强度的降低就会变得比较困难，而碳强度主要反映的是能源结构，即清洁能源的比重，而这正是发达国家凭借技术和资金可以有所突破的地方。所以发达国家倾向于碳强度指标的实现。基于中国目前所处的城市化与工业化共同推进的经济发展阶段，其能源需求具有明显的刚性特征，即与经济快速发展同步增长的高能源电力需求。对于中国以煤为主的能源结构，降低单位 GDP 碳强度在很大程度上就是通过增加清洁能源，减少单位 GDP 煤炭消费量，这就需要改变以煤为主的能源结构。所以，碳强度直面的就是能源结构调整的问题。

任何积极的能源和环境政策都将有助于降低碳强度，但是，对于中国现阶段来说，如果清洁煤技术不能大规模商业化推广，那么，降低碳强度的关键是改变以煤为主的能源结构。降低能源强度，强调的是在一定的经济生产总量基础上，减少能源使用总量，其值的降低并不必然意味着碳强度的降低，由于各能源资源种类的碳排放系数不尽相同，即使能源利用效率提高，但如果更多、更集中地采用高排放的化石能源如煤炭，那就会带来单位 GDP 生产碳排放量的增加而非降低。正如中国政府所提出的，如果能在“十一五”期间实现节能 20%，相当于实现 15 亿吨二氧化碳减排量，这是相对于某个假定能源结构而言的，如果能源结构中的碳排放大的煤炭比例增加了，能源强度对于二氧化碳减排的影响就会打折扣，即能源强度的目标实现而碳强度目标可能还相差甚远。

显然，中国应对气候变化，以降低碳强度为节能减排目标意义比能源强度的目标更为深远，主要是通过增加清洁能源在能源消费结构中的比重来实现。在清洁能源当中，因受到资源和建设期等因素的约束，目前成本相对比较低的水电和核电被普遍认可。在应对气候问题，可能大幅度发展的应该是风电和太阳能。而当前风电和太阳能的成本相对比较高，上网电价没有起到很好的激励作用，这是政府应该着重考虑的问题所在。

作为一个正处在工业化、城市化、现代化进程中的发展中国家，中国选择直面碳强度，随之而来的就是需要直面清洁能源的成本问题。有一点必须明确，中国的低碳经济发展和碳强度是有前提的，是以保证现阶段经济高速发展的能源供给为前提，这个前提将使清洁能源成本问题更为棘手。相比之下，发达国家处于更高的经济发展阶段，在技术水平更先进、高收入水平下，公众的环境支付意愿及支付能力都更高，使得他们更倾向于选择支持政府的清洁能源政策；对于政府来说，因为其经济发展压力较缓和而具有更大的选择空间。温室气体对气候全球性的影响，除非世界各国共同合作致力于该问题的研究与解决，在一个合理公平、合乎实际的国际气候框架下统筹减排，兼顾发展中国家的能源成本问题，才能有望使全球气候变暖问题得到有效解决。

一个国家希望达到某个碳排放强度目标，既可以选择提高能源效率（通过节能），也可以选择改变能源结构，如投资风力和太阳能等可再生能源。收益的最大化或成本最小化是当提高能源效率和投资清洁能源的边际收益相等时。这样，政府的投资或补贴政策上就可以有许多的选择，有效的选择需要有效的战略规划，一个有效的清洁能源战略规划在实现中国政府提出降低碳强度目标中举足轻重。

所以，能源强度主要衡量的是能源效率问题，是节能的主要方面。而碳强度主要考虑能源结构，即能源清洁质量问题，更多地偏向衡量减排的力度。现在碳强度被提上日程，反映了政府对节能减排有了更进一步的认识。

（二）碳强度与能源强度的比较分析

碳强度和能源强度都是反映能源使用效率和二氧化碳排放减少的指标，但是它们之间具有一定的关系，又有很大的不同。

我们用 $\frac{C}{\mathrm{GDP}}$ 代表碳强度，即单位 GDP 的二氧化碳排放量；$\frac{E}{\mathrm{GDP}}$ 代表能源强度，即单位 GDP 的能源消耗量。

我们知道，碳强度和能源强度存在如下的关系：

$$\frac{C}{\mathrm{GDP}}=\frac{C}{E}\frac{E}{\mathrm{GDP}} \tag{7-3}$$

也就是说，碳强度和能源强度是通过单位能源消耗的碳排放联系起来的。

而单位能源消耗产生的碳排放我们可以进行分解得：

$$\frac{C}{E}=\frac{\sum_{i=1}^{n}\beta_i E_i}{E}=\sum_{i=1}^{n}\beta_i\frac{E_i}{E} \tag{7-4}$$

其中，β_i 代表不同能源的碳排放系数，即单位能源消耗的二氧化碳排放量。所以单位能源的碳排放就可以用各能源碳排放系数（β_i）与能源所占比例 $\frac{E_i}{E}$ 的乘积的和表示。而排放系数是一定的，则公式（7-4）取决于能源结构。所以，碳强度和能源强度的根本不同就在于能源结构，碳强度就是在能源强度的基础上考虑能源结构而得到的一个量度。

碳强度主要衡量的是能源的质量问题，即清洁能源所占的比重，这个指标比能源强度单单衡量能源效率更能反映节能减排的力度。中国在“十一五”规划中提出要在 2010 年实现单位 GDP 能耗（能源强度）在 2005 年的基础上下降 20%的目标，随后又提出了到 2020 年单位 GDP 碳排放（碳强度）要在 2005 年的基础上下降 40%～45%的目标。可见中国虽然处于经济发展的关键性时期，但是面对全球的碳排放问题，仍然选择碳强度这个指标，是做出了很大的让步。

我们做个简单的比较：

（1）能源强度主要反映能源的利用效率，生产单位 GDP 的能耗越少，能源的使用效率越高；碳强度主要反映清洁能源的比重，也可以从清洁的角度看作为能源的质量，单位 GDP 碳排放越少，在能源强度一定的条件下，使用的能源越清洁，碳排放越少。

（2）在能源结构不变的情况下，能源强度就等同于碳强度。而中国提出了到 2020 年单位 GDP 碳排放（碳强度）要在 2005 年的基础上下降 40%~45%的目标，可见中国是决定调整能源结构，逐渐提高清洁能源的比重。

（3）如果不单单考虑一次能源结构，森林面积等对于碳强度的降低也是有很大的促进作用的，而和能源强度没有关系。这时上面的公式就不适用了。而现实的情况是森林是陆地生态系统中最大的碳库，在降低大气中温室气体浓度、减缓全球气候变暖中，具有十分重要的独特作用。除了一次能源的碳排放，森林对于二氧化碳的减少有很大的作用。所以，既然提出了碳强度的概念，应该把森林减排这一块考虑进去。这需要做进一步的研究。

二、碳排放驱动因素分析

从 19 世纪 80 年代起，碳排放因素分解就成为能源经济学中一个重要议题。在碳排放因素分解过程中，指数分解方法是国际能源环境问题研究中广泛采用的方法，其本质是将碳排放变动看成几个因素的结果，然后根据不同的权重方法对碳排放进行分解，进而决定各因素的影响大小。根据选择权重的不同，可以将因素分解分成拉氏分解法、简单平均分解法和自适应权重分解法。Ang 等（1994）在以上方法的基础上提出了对数平均迪氏指数分解法（LMDI），该方法用对数平均权重来替代前述简单算术平均权重，允许分解过程存在零值。应用 LMDI 方法，Ang 等（1998）采用三个国家的数据进行了碳排放的实证研究，结果发现在 1985—1990 年，工业产出对碳排放产生的较大的正效应，工业部门的能源强度表现出较大的负效应。在 Ang 等之后，LMDI 方法成为最广泛应用的分解方法。Greening 等（1998，1999，2001）分别分解了 OECD 国家不同部门的碳排放变化，包括制造业部门、交通运输部门、居民和私人交通部门等。Bhattacharyya 和 Ussanarassamee（2004）对泰国 1981—2000 年的能源消费变化的影响因素进行了分解。Hatzigeorgiou 等（2008）分析了希腊 1990—2002 年的能源相关碳排放变动的影响因素。

对中国进行碳排放因素分解的文献最早可以追溯到 Shrestha 和 Timilsina（1996），该文章研究了亚洲 12 国 1980—1990 年的电力工业碳强度变动，结果发现燃料强度是中国电力工业碳排放的最重要影响因素。Wu 等（2006）分析了中国 1980—2002 年的能源相关的碳排放。Wang 等（2005）的研究区间是 1957—2000 年，认为碳强度是碳排放最主要影响因素，碳强度对碳减排的贡献度达到 95%。Xu 等（2006）以 1990—2004 年的人均碳排放作为研究主体，结果发现经济增长对人均碳排放的贡献率成指数增加；然而，能源效率和能源结构贡献度呈倒 U 形，因此他们认为，能源效率提高对碳排放的抑制效果正逐渐减弱。Liu 等（2007）分析了中国工业能源相关碳排放，认为在各影响因素中，能源强度对碳减排具有最大的影响，比较而言碳排放系数、能源结构和工业结构的影响相对较弱。Wang 等（2010）将能源消费引致的碳排放变动进一步分解为 11 个影响因素，认为人均 GDP 增长是碳排放增长的最大驱动因素，工业部门的能源效率提高和生产部门的能源强度下降是主要的阻碍因素。

虽然钢铁工业是中国能源消费和碳排放的主要工业部门之一，但是对该工业碳排放的现有研究较少。已有文献局限于对中国钢铁工业进行能源节约和二氧化碳排放量的估计。例如，上官方钦等（2010）对中国钢铁工业近年的二氧化碳排放量进行了估计，表明该行业的碳排放量呈现增长趋势。王克等（2006）运用能源替代规划系统方法对中国钢铁工业的碳减排潜力进行了预测。徐文青等（2013）进一步预测了钢铁工业未来的碳排放趋势，估计到 2020 年碳排量将减少 290 百万吨。Tian 等（2013）详细估计了中国钢铁工业部门的能源相关温室气体排放量。Zhang 等（2012）通过中国钢铁工业企业的调查问卷对碳减排影响因素进行分析。由于中国正处于低碳转型的关键时期，对于钢铁工业碳排放因素研究有助于中国工业的可持续发展。本书将进一步应用 LMDI 方法对中国钢铁工业能源相关的碳排放影响因素进行分解，并在此基础上运用计量经济学方法研究碳排放影响因素间的长期关系，对未来的碳减排趋势进行预测。

在对钢铁工业能源消费、能源效率和能源替代效应进行了全面的分析之后，本章将开始转向对化石能源消费带来的二氧化碳排放问题进行深入研究。经济增长、能源消费和环境污染的矛盾已经成为如今各个行业发展不可避免的问题，对能源消费导致的碳排放问题进行深入研究有助于我们理性地面对发展中存在的困难，为中国钢铁工业进一步健康发展提供政策支持。文献研究发现，在应用模型统计方法进行二氧化碳排放量预测方面已有一些研究进展，而对具体行业碳排放的影响因素方面的研究却很少，特别是钢铁行业的研究更少，本章将通过采用对数平均权重迪氏分解法对中国钢铁行业的碳排放变化进行分解分析，为我国钢铁行业的碳减排提供相应的政策建议。

三、研究方法和数据来源

（一）研究方法

由日本学者 Kaya 提出的 Kaya 恒等式将二氧化碳等温室气体的排放量分解成与人类活动相关的四个要素，如公式（7-5）所示：

$$GHG=\frac{GHG}{TOE}\times\frac{TOE}{GDP}\times\frac{GDP}{POP}\times POP \tag{7-5}$$

其中，GHG 表示温室气体排放量，TOE 为能源消费总量，GDP 为国内生产总值，POP 为总人口。所以，公式（7-5）右边四项分别表示能源消费碳强度、能源强度、人均 GDP 和人口数。

用二氧化碳排放代替 GHG，在公式（7-5）两边同时除以人口数量，可得：

$$\frac{CO_2}{POP}=\frac{CO_2}{TOE}\times\frac{TOE}{GDP}\times\frac{GDP}{POP} \tag{7-6}$$

公式（7-6）说明人均二氧化碳的变化可以分解为这 3 个变量的贡献程度。

人均二氧化碳排放从 0 期到 t 期的变化称为总效应 ΔPC。ΔPC 可以分成三部分：能源消费结构调整引起的结构效应（ΔPC_S），能源强度改变引起的强度效应（ΔPC_I），人均收入变化引起的收入效应（ΔPC_{PG}）。

在碳排放分解的文献中，对数平均迪氏指数法是最为常用的方法，原因在于该方法首先在应用上简单易行，其次允许存在零值。对数平均迪氏指数法的结果可以表现为加法和乘法形式（Ang，2004）。

根据 Kaya 恒等式，碳排放可以分解为几个影响因素。本书将运用分解方法分析中国钢铁工业碳排放影响因素。

首先，一个国家或地区的总碳排放可以按以下恒等式进行分解：

$$CO_2=(CO_2/E)\cdot(E/GDP)\cdot(GDP/P)\cdot P \tag{7-7}$$

其中，E 表示能源消费量，GDP 表示国内生产总值，P 表示人口数。

公式（7-7）反映了二氧化碳排放和影响因素之间的关系，包括单位能源碳排放量、能源使用效率（能源强度）、经济发展水平（人均 GDP）和人口规模变量。

Bacon 和 Soma（2007）对 Kaya 恒等式进行了进一步扩展，碳排放恒等式可以表示为：

$$CO_2=(CO_2/E_{ff})\cdot(E_{ff}/E)\cdot(E/GDP)\cdot(GDP/P)\cdot P \tag{7-8}$$

其中，E_{ff} 表示化石能源消费比例。

公式（7-8）将碳排放分解为五个影响变量，包括了化石能源比例对碳排放的影响。为了分析中国钢铁工业能源相关碳排放的影响因素，本书也将碳排放分为五个影响因素。

$$\begin{aligned}CO_2&=(CO_2/E_{ff})\cdot(E_{ff}/E)(E/y)\cdot(y/w)\cdot w\\&=CI\cdot EM\cdot EI\cdot IA\cdot IS\end{aligned} \tag{7-9}$$

由于本书是对具体行业进行的研究，公式（7-9）中的变量 y 和 w

分别表示钢铁工业产出和从业人员数。对于公式（7-9）中的各个变量的详细解释总结在表 7-1 中。

表 7-1　　**变量描述说明**

变量简称	定义	表示变量	具体说明
CI	CO_2/E_{ff}	碳系数	CO_2：钢铁工业能源相关二氧化碳排放
EM	E_{ff}/E	能源结构	E：钢铁工业能源消费量
EI	E/y	能源强度	E_{ff}：钢铁工业化石能源消费比例
IA	y/w	经济活动	y：钢铁工业产出
IS	w	产业规模	w：从业人员数

这里将碳系数定义为行业二氧化碳排放量和化石能源消费量的比例，反映该行业特定时期能源消费的质量。能源结构变量反映能源品种的分散程度，该变量度量化石能源比例变动对碳排放的影响。能源强度变量由能源消费量和工业产出的比例表示，通常情况下反映技术水平和能源价格等因素的影响。经济活动变量定义为人均行业产出，代表了行业的整体绩效水平。最后，本书利用从业人员数来对产业规模效应对碳排放的影响进行解释。

特定时期的碳排放变化等于各种影响因素对碳排放的效应加总，包括碳系数效应（CI_{eff}）、能源结构效应（EM_{eff}）、能源强度效应（EI_{eff}）、经济活动效应（IA_{eff}）和产业规模效应（IS_{eff}）。具体表示为：

$$\Delta CO_2 = CO_2(t) - CO_2(0) = CI_{eff} + EM_{eff} + IA_{eff} + IS_{eff} \quad (7\text{-}10)$$

利用对数平均迪氏指数法，各种影响因素的效应可以通过以下公式计算得到。

$$CI_{eff} = (CO_2(t) - CO_2(0))/\ln(CO_2(t)/CO_2(0)) \cdot \ln(CI(t)/CI(0)) \quad (7\text{-}11)$$

$$EM_{eff} = (CO_2(t) - CO_2(0))/\ln(CO_2(t)/CO_2(0)) \cdot \ln(EM(t)/EM(0)) \quad (7\text{-}12)$$

$$EI_{eff}=(CO_2(t)-CO_2(0))/\ln(CO_2(t)/CO_2(0))\cdot\ln(EI(t)/EI(0)) \quad (7\text{-}13)$$

$$IA_{eff}=(CO_2(t)-CO_2(0))/\ln(CO_2(t)/CO_2(0))\cdot\ln(IA(t)/IA(0)) \quad (7\text{-}14)$$

$$IS_{eff}=(CO_2(t)-CO_2(0))/\ln(CO_2(t)/CO_2(0))\cdot\ln(IS(t)/IS(0)) \quad (7\text{-}15)$$

碳排放效应反映的是当其他影响因素不变时，化石能源碳排放系数的变化带来的碳排放量的变动。能源结构效应测量化石能源比例变动的影响，当一种高消费量高碳排放系数的化石能源品种比例发生变动，就会对碳排放量变动生产较大影响。能源强度效应度量的是能源强度的提高或下降对碳排放变动的影响，和其他因素相比，该效应受一系列变量影响。经济活动效应反映的是工业产出对碳排放的影响。产业规模效应测量行业规模变动的具体影响。一般来说，行业从业人员数上升意味着该行业部门的扩张和其他部门人员的减少。通过因素分解分析，碳排放量的变动可以表示为各种效应之和。

（二）数据来源

本书采用1985—2010年的时间序列数据进行分析，对于钢铁工业能源消费量、钢铁工业产出和从业人员数的数据可以直接从统计年鉴获得。

本章根据公式（7-16）对钢铁工业能源相关的 CO_2 排放进行计算，各种化石能源资源的碳排放量等于消费量乘以碳排放系数。

$$CO_2=\sum_{i=1}^{9}CO_2=\sum_{i=1}^{9}E_i\cdot CF_i\cdot CC_i\cdot COF_i\cdot(44/12) \quad (7\text{-}16)$$

其中，CO_2表示钢铁工业能源相关碳排放总量；i 表示第 i 种能源资源；CF_i 表示能源从物理单位转换为热量单位（KJ）；CC_i 表示第 i 种能源资源的碳成分系数，对于各种化石能源资源的碳排放系数，本书根据IPCC（2006）的数据估计得到；COF_i 表示碳氧化因子；44/12 表示从碳到碳氧化物的转化系数。综上所述，$CF_i\cdot CC_i\cdot COF_i\cdot(44/12)$ 表示第 i

种能源资源的二氧化碳排放系数。

值得注意的是，由于能源品种组成、转化系数和碳排放系数的设定，运用分解方法进行时间序列分析有时会出现一些无效结果。因此，一般情况下可以将研究区间进行进一步划分，分析不同时期的分解结果。由于中国的经济发展规划按五年时间进行划分，本章也将研究区间按此进行划分，分析不同五年计划期间的碳排放变动影响因素。因此，下文的分解按五个时期进行，包括："七五"时期（1986—1990 年），"八五"时期（1991—1995 年），"九五"时期（1996—2000 年），"十五"时期（2001—2005 年）和"十一五"时期（2005—2010 年）。

四、实证结果

（一）因素分解分析

本章将研究区间根据五年规划进行了区间划分，运用前文的方法和数据，我们进行了中国钢铁行业碳排放量变化的因素分解。图 7-1 描绘了不同时期内各因素对碳排放变动的贡献程度。

分解分析的结果表明，在不同区间中国钢铁行业的二氧化碳排放量变化有明显的变化趋势。因此我们必须对不同区间的碳排放量变化的影响因素进行分解，找到缓和钢铁行业碳排放的有效方法和手段。从图 7-1 中我们可以看出经济活动效应、产业规模效应和能源强度效应是能源相关碳排放变动的最主要影响因素。其中，产出增长（经济活动效应）是导致碳排放量增加的最主要因素；除 1996—2000 年区间，产业规模扩大也是碳排放量增加的因素之一；不同区间的能源强度效应虽然有不同的变动方向，但总体上可以看出能源强度效应是碳排放量降低的最主要影响因素。此外，能源结构效应也在一定程度上降低了钢铁行业的碳排放。

在 1986—1990 年，碳排放增量为 66. 12 百万吨，经济活动效应和产业规模的扩大效应对碳排放增加影响最大，分别带来碳排放增加

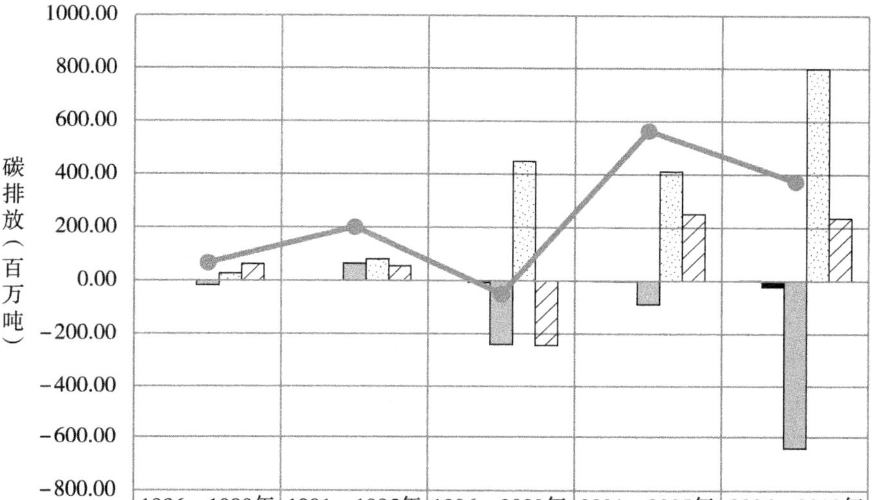

	1986—1990年	1991—1995年	1996—2000年	2001—2005年	2006—2010年
CI	-1.78	2.36	-3.37	-4.65	4.93
EM	-2.93	-0.44	-9.29	-5.17	-24.27
EI	-17.67	63.67	-240.71	-88.39	-642.82
IA	26.52	80.70	447.88	411.04	799.52
IS	61.98	54.64	-243.59	251.18	236.39
CO_2	66.12	200.94	-49.07	564.01	373.76

图 7-1　中国钢铁工业能源相关碳排放的因素分解

26. 52 百万吨和 61. 98 百万吨，而能源强度效应、能源结构效应和碳系数效应依次减少碳排放。在 1991—1995 年，值得注意的是能源强度的正效应。该时期钢铁行业的能源强度较大，并呈上升趋势，没有对降低碳排放产生影响。在 1996—2000 年，钢铁行业的产业规模效应、能源强度效应、能源结构效应和碳系数效应都起到了降低碳排放的作用，分别为-243. 59 百万吨、-240. 71 百万吨、-9. 29 百万吨、-3. 37 百万吨，反映了该时期钢铁行业的收缩。只有工业活动效应的影响为正，这意味着 1996—2000 年我国钢铁工业虽然保持了一定的产出增长，但企业这时注重收缩成本，钢铁工业活动没有改变碳排放量降低的趋势。该时期的钢铁工业发展和 1997 年的亚洲金融危机直接关系。由于金融危机，中国的 GDP 增长率在 1999 年下滑至 7.1%（相比 1992 年 GDP 增长 14.2%的高峰值），钢铁工业同样受到一定影响。此后国家通过一系列政策刺激经济反弹，钢铁工业也开始渐渐出现好转。在后面两个时期内，2001—2005 年，2006—2000 年，钢铁行业都经历了生产的扩张，工业活动效应分别带来二氧化碳增加 411.04 百万吨和 799.52 百万吨。更值得注意的是，伴随产出的增长，钢铁行业的能源强度效应对碳排放也起到了一定的抑制作用。特别是在“十一五”计划期间，能源强度效应带来了碳排放减少 642.82 百万吨。在“十五计划”时期，中国粗钢产量增长了 174.2%，钢铁工业的能源消费仅增长 120%；重点钢铁企业的吨钢消耗标准煤由 2001 年的 876 千克标准煤/吨降至 2005 年的 741 千克标准煤/吨，降低了 15.4%（张春霞等，2013）。“十一五”期间，全国重点钢铁企业吨钢能耗更下降到 2010 年的 604.6 千克标准煤/吨，降幅达 12.9%，同时各生产工序能源消费均有不同幅度的下降。

总体来说，假如不考虑能源强度效应带来的碳排放减少，钢铁行业的经济活动将导致比实际更高的二氧化碳排放量。例如在 1986—1990 年，假定产业规模、能源强度、能源结构和碳系数不变，经济活动效应会导致二氧化碳排放量从 323.1 百万吨增加到 349 百万吨。相反，能源强度效应会导致碳排放减少到 305.43 百万吨。在后面的时期里，经济活动效应会带来更大的碳排放。能源强度的提高是由于能源效率的损失造成的，或者是技术水平的落后，或者是能源的浪费。同样的，能源强度的降低反映了能效技术的进步和节能措施的实施成果。在本章研究的区间内，产业规模效应的影响也是相当大的，对钢铁工业碳排放的增加也有相当大的贡献（除去 1996—2000 年）。这一现象反映了研究区间内随着中国钢铁工业规模的不断扩大，能源消费量逐渐增加。能源结构效应也在一定程度上降低了碳排放。钢铁工业化石能源比例的降低，清洁的电力资源的使用将对缓和碳排放带来正面的影响。碳系数的下降也进一步证明了中国钢铁行业在能源比例上做出的调整。

（二）碳排放变动比较

前文的因素分解分析表明了钢铁工业经济活动的快速发展是导致该行业二氧化碳排放量增加的最主要因素。下面我们进一步分析不同时期的碳排放的变动趋势及其主要影响因素。在过去的25年里，二氧化碳排放量从1986年的323百万吨上涨到2010年的1693百万吨，年均增长7.5%。研究区间内共五个五年时期的二氧化碳排放年均增长率如图7-2表示，从图7-2中可以看出增长率呈现波动变化的趋势。1986—1990年，二氧化碳排放年均增长6%，到1991—1995年，年均排放量增长率为10%。这都和该时期钢铁工业的经济活动增加，钢铁工业规模扩大密切相关。同时，两个时期的钢铁行业的人均产出增长率（钢铁工业增加值/从业人数）都低于碳排放增长率，说明钢铁工业的增长大大依赖于能源消耗的增加，导致过度的碳排放。1996—2000年碳排

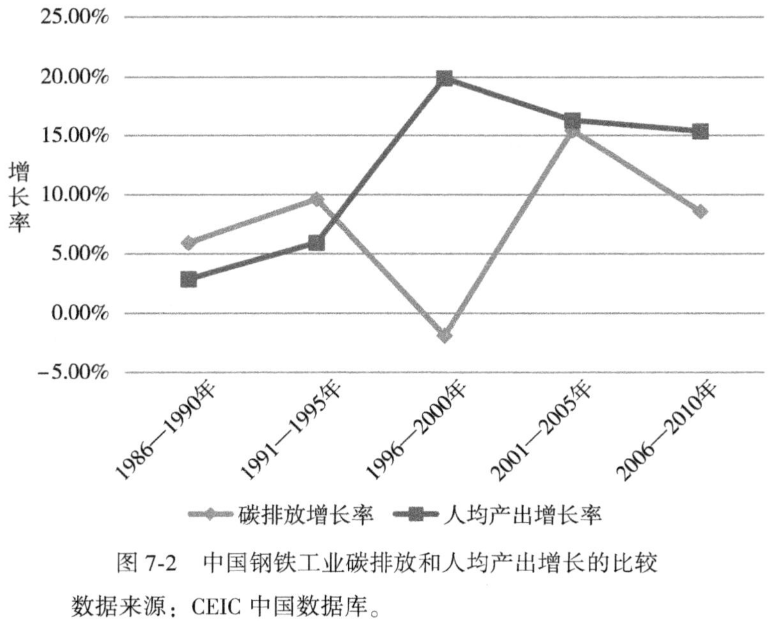

图7-2　中国钢铁工业碳排放和人均产出增长的比较

数据来源：CEIC中国数据库。

放增长率年均下降2%，但人均产出增长率提高20%，这意味着1996—2000年我国钢铁工业保持了低碳增长，钢铁工业产出增长的同时能源效率也在提高，导致能源相关碳排放量甚至有所减少。到了2001—2005年，碳排放年均增加15.4%，同时人均产出年均增长率为16.3%。说明在此期间我国钢铁工业的增长越发依赖于能源消耗的增加，进而导致了碳排放量的不断增加。到了2006年以后，碳排放年均增长率又开始出现低于人均产出增长的趋势，这说明了在“十一五”期间，钢铁工业节能降耗的各项具体措施发挥了作用，带来了碳排放增长率的大幅度下降，从“十五”期间的年均增长15.4%下降到“十一五”期间的7.5%，平均下降8个百分点。

五、中国钢铁工业的低碳转型路径

中国是《京都议定书》的第37个签约国。《京都议定书》虽然未规定发展中国家具体的减排义务，但对发展中国家也提出了一定要求，有些条款是专门针对占世界人口绝大多数的发展中国家的，敦促这些国家制定国家规划或区域规划，以改进排放温室气体的因素、数据和模式。我国控排温室气体的任务非常繁重，我国的大气污染基本上属于煤烟型污染，有48个城市温室气体排放量超过国家标准，有的城市降尘和酸雨的情况已非常严重。目前我国二氧化碳排放量已位居世界第二，甲烷、氧化亚氮等温室气体的排放量也居世界前列。预测表明，到2025年前后，我国的二氧化碳排放总量很可能超过美国，居世界第一位。

面对日益严峻的环境现状，我国政府做出了积极的努力。《中华人民共和国节约能源法》已由中华人民共和国第十届全国人民代表大会常务委员会第三十次会议于2007年10月28日修订通过，自2008年4月1日起施行。本法所称的能源是指煤炭、石油、天然气、生物质能和电力、热力以及其他直接或者通过加工、转换而取得有用能的各种资源。本法所称的节约能源（以下简称节能）是指加强用能管理，采取技术上可行、经济上合理以及环境和社会可以承受的措施，从能源生产到消费的各个环节，降低消耗、减少损失和污染物排放、制止浪费，有效、合理地利用能源。

《公共机构节能条例》于2008年7月23日国务院第18次常务会议通过，现予公布，自2008年10月1日起施行。公共机构节能，主要是指节约电力、成品油、燃气、热力等能源。从总体上看，我国存在公共机构能耗总量偏大、能耗增长速度较快、能源利用效率不高的问题。条例明确规定：公共机构节能实行目标责任制和考核评价制度，节能目标完成情况直接与公共机构负责人考核评价挂钩；公共机构应建立节能管理规章制度，制定年度节能目标和实施方案，实行能源消费计量制度，如实记录能源消费计量原始数据建立统计台账等。

国务院于2011年9月7日印发的《“十二五”节能减排综合性工作方案的通知》，明确提出要加大环境保护力度，“十二五”时期我国经济社会发展的指导原则和主要目标之一就是关于节能和环保问题。方案中提出了“十二五”期间单位国内生产总值能源消耗降低16%的目标。这是针对资源环境压力日益加大的突出问题提出来的，具有明确的政策导向。其中，“十二五”节能减排重点工程包括：到2015年，工业锅炉、窑炉平均运行效率比2010年分别提高5个百分点和2个百分点，电机系统运行效率提高2~3个百分点，新增余热余压发电能力2000万千瓦，北方采暖地区既有居住建筑供热计量和节能改造4亿平方米以上，夏热冬冷地区既有居住建筑节能改造5000万平方米，公共建筑节能改造6000万平方米，高效节能产品市场份额大幅度提高。“十二五”时期，形成3亿吨标准煤的节能能力。

发展低碳经济是解决气候问题和经济发展矛盾的必然选择。在以节能为主，发展清洁能源为辅，积极寻找石油替代的战略方向上，需要具体的路径来完成中国的低碳经济转型。低碳已经被世界各国提上日程，中国作为能源消耗大国，应该积极地面对，并为发展中国家作出榜样。在保持经济增长的基础上，中国钢铁工业的低碳转型路径应该包括下面几方面的内容：

第一，发展节能技术，提高能源效率。

由于我国石化能源相对贫乏，通过节能技术发展低碳经济，提高能源效率，能够从很大程度上减轻国家经济发展对石化能源的过度依赖。中国的能源技术相对而言较为落后，与发达国家相比还有很大差距。气候问题是个全球化的问题，通过国际合作可以从一定程度上减轻发展中国家的压力，更好地推动低碳经济的发展。对于已经成熟的先进技术，可以直接引进；对于尚不成熟的技术，要充分地考虑成本和未来可行性。

中国能源供应是以煤炭为主的，煤炭发电的技术相对来说是比较成熟的，但是从能源效率来说还可以有进一步提升。另外，从电力供应来说，消费端的节能潜力是非常大的，从节能灯到各种电器，技术的进步能够大大地提高使用效率。电力作为一种清洁能源（从消费端来讲），效率相对来讲是很高的，所以对于电力的使用应该实施进行积极的鼓励措施，尤其对于具有节能潜力的终端。家电的节能应该积极倡导，中国人口众多，而且随着城市化的进程，家电的使用量仍然处于不断上升的阶段，如果普遍提高效率，这一块节能的量也是非常可观的。

一个比较可行的办法是通过专业的节能公司开展节能。由于它们对专业节能技术比较了解，可以花费很少的成本开展节能技术，通过合同能源管理，将节能技术进行推广。这是一个双赢的发展模式。但目前存在的问题主要是一般节能公司规模太小，无法对节能项目进行保障，一旦失败，接受节能的企业的损失会很大。实际上节能技术已经相当成熟，缺乏的只是完善的运行机制。一个可行的建议是通过大型企业成立下属的节能公司，开展节能项目。这样企业可以放心地和节能公司进行合作，不会担心会有小公司因项目失败而逃避责任的风险。

第二，积极寻找石油替代，降低碳排放。

石油的使用是碳排放的一个重要来源。石油作为工业的血液，对一国的经济发展起着很重要的作用。而我国的石油资源极其有限，大量供应需要进口，国际油价起伏不定，石油安全又成为国家首要考虑的问题之一。目前我国石油对外依存度已接近53%，如果按照目前的需求增长速度，在我国工业化、城市化的进程中，石油需求将非常巨大。粗略估计 2015 年我国石油依存度可能达到 65%，超过目前美国的石油对外依存度。快速增高的石油对外依存度将直接威胁中国能源安全。

在中国工业化、城市化的进程中，汽车的数量难以避免地大幅增加。在当前的技术条件下，石油仍然是主要的燃料来源。通过我国民用汽车和私人汽车拥有量可以看出，最近几年我国汽车数量呈现显著增加的趋势。由此产生的对石油的需求也是难以避免的。而我国的石油资源是有限的，已经无可避免地产生了对国外进口的依赖。

保障中国能源安全往往是指战略石油储备。显然，针对石油供应的突发事件，诸如 20 世纪 70 年代石油危机的冲击，中国必须建立战略石油储备来防范石油供应中断的风险。目前国际上主要的石油消费大国如美国、日本、德国等都已经建立了比较发达的石油储备体系，发达国家战略石油储备均达 90 天以上。借鉴国际上发达国家的经验，中国的长期战略石油储备应该考虑至少 90 天，将储备规模动态化，既满足本国自身发展需要，同时也可以减少大规模的石油储备引起国际原油市场价格波动的风险。但是，短期来看石油储备可以很好地缓解能源依赖，却并不能从根本上解决中国的能源问题。

最近，国内大型石油企业选择尝试走出去的战略。石油“走出去”只能是一个补充。中国海外石油资源开发战略通俗地称为“走出去”。“走出去”主要通过石油贸易买入，或者与产油国共同开发当地油田。能源企业“走出去”靠的不是运气和勇气，而是强有力的能源外交和知识经验丰富的经营管理人才，而这些都需要时间准备和经验积累。所以，短期来讲，并不能解决中国的石油安全及降低碳排放的问题。寻找石油替代是一种可行的途径，不管是对于石油安全还是碳排放。

石油替代不一定能够降低碳排放，关键看最终使用能源的来源。比如电动汽车，要看是用什么能源发电，以及中间的能源使用效率。但是，电动车的出现给我们提供了一种既可以降低石油依赖，又可以通过调整能源结构，比如使用几乎零排放的清洁能源，来达到间接减少碳排放的目的。

第三，深化能源价格改革。

在各种经济活动中，价格一直都是关键的因素。价格体系有时可以起着决定性的作用。出于公平和效率的角度，我国的能源价格存在各种税收和补贴，从电价到油价，无处不在。制定有效的补贴机制，对于低碳经济来说是一种有效的路径。

在我国，资源价格更多的是反映开采成本，很少考虑环境成本。通过合理的税收和补贴，将环境成本计算进去，比如碳排放成本，通过这种机制激励二氧化碳减排，更能有效地利用资源。我国的电价存在较大的补贴，阶梯电价是一种既考虑公平又考虑效率的路径，通过这种方式，能够提高能源的使用效率，从而间接地减少二氧化碳的排放。

能源价格方面有很多可以研究的机制，比如从清洁能源的角度，如果鼓励清洁能源的发展，这些都是能够有效地减少二氧化碳排放的路径。

第四，优化能源结构。

在现行的能源技术条件下，尽量采用低碳的能源替代高碳的能源，比如利用天然气来发电，减少煤的利用。又比如，电动汽车的推行就为能源结构的优化提供了一个途径，我们可以采用低碳排放的能源发电，供电动汽车行驶，来代替石油这种高碳能源的使用。使用的能源不同，能源效率有很大差异。采用效率高的能源，或者提高能源的使用效率，能够很好地促进碳排放的减少。

第五，发展清洁能源。

可再生能源，碳排放很少甚至是零排放。发展水电、风电、核电、太阳能、生物质能等，用无碳甚至低碳的能源来替代高碳能源。虽然考虑到中国处于高速经济发展的阶段的国情，在短期内不可能大规模发展清洁能源来代替传统能源，但是发展清洁能源的指导意义远大于现实意义，在引导人们对低碳经济的认识的同时也能在一定程度上减少碳排放的增量。新能源的比重虽然还比较小，而且前期成本很高，但是由于新能源具有诸多的优点，应该逐渐提高新能源在能源生产中的比重。

第六，发展和完善碳交易市场。

碳减排的实质是能源问题。发达国家的能源利用效率高，能源结构优化，新的能源技术被大量采用，因此进一步减排的成本极高，难度较大。而发展中国家的能源效率低，减排空间大，成本也低。这导致同一减排单位在不同国家的成本不同，形成了高价差，碳交易市场应运而生。如果能够很好地应用这种比较优势，进行碳交易，能够实现双赢，并更好地促进碳减排。而这需要各个国家能够很好地合作，共同实现。

在低碳经济的约束下，将碳排放的指标分配给各个部门和企业，能够形成很好的激励机制。而这个机制的实行就需要相对完善的碳交易市场。建立碳交易市场就涉及很多具体的问题，现在也是讨论的热点。如何合理有效地将碳排放指标进行分配和交易，需要进一步的研究和试点。从激励机制来说，多排多交钱，少排少交钱对于低碳经济的运行很有必要。

第七，进行技术研发。

科技是第一生产力。历史的很多变革都是由科学技术带动的。低碳经济被认为是第二次经济全球化。而技术的突破很可能打破常规经济发展，促进低碳经济飞速发展。表 7-2 总结了未来中国能源发展的重要技术方向。

表 7-2　**未来中国能源发展的重要技术方向**

分类	重要技术方向
节能	高效非化石燃料地面交通技术
化石能源	煤的洁净和高附加值利用技术
电力	电网安全稳定技术
可再生能源	生物质液体燃料和原材料技术
	可再生能源规模化发电技术（风电、光伏发电、太阳能热发电技术）
	深层地热工程化技术
核能	新型核电与核废料处理技术

续表

分类	重要技术方向
新能源	氢能利用技术
	天然气水合物开发与利用技术
	具有潜在发展前景的能源技术（海洋能发电、新型太阳能电池等）

资料来源：中国科学院能源领域战略研究组。

通过各种能源技术，节约能源，提高能源效率，从而间接地实现减排，而且从长期看来，这是一种可持续的低碳经济路径。

比如新能源技术，新能源一般来说都是二氧化碳零排放的清洁能源，虽然存在成本和技术等制约因素，但是技术的进步只是时间的问题，新能源是未来的发展方向。比如 CSS 技术的研发。虽然从成本和技术可靠性来说，CSS 技术并不成熟，也不能从根本上解决问题。但是随着技术的不断发展，CSS 技术还是应该作为一种战略储备来看待，进行适当的投入和研发。

另外，技术的进步对于能源效率的提高是不言而喻的，从节能的角度，能够更好地利用能源，相当于减少了二氧化碳的排放。所以，对于传统能源来说，通过技术提高能效对于减少二氧化碳排放是一种很有效且可行的途径。

六、本章小结

本章运用对数平均迪氏指数方法对中国钢铁行业 1986—2010 年的二氧化碳排放变化的影响因素进行了分解，通过研究碳系数效应、能源结构效应、能源强度效应、经济活动效应和产业规模效应对能源相关碳排放变动的影响，提出了中国钢铁工业低碳转型的具体路径。为了发现碳排放变动的规律，本章的分析按五年规划的时期进行。结果表明：（1）研究区间内，中国钢铁工业二氧化碳保持了 7.5%的年增长率，但是按五年期进行划分，碳排放增长率的变动呈现波动趋势。（2）在五个影响因素中，经济活动效应、能源强度效应和产业规模效应是中国钢铁行业能源相关碳排放量变动的最主要因素。经济活动效应和产业规模效应对碳排放水平的提高都作出了贡献。能源强度效应是碳排放减少的主要因素。能源比例效应也在一定程度上缓和了该行业的二氧化碳排放。(3) 除 1996—2000 年这一时期，中国钢铁工业人均产出增长率和碳排放增长率表现出相似的变动趋势。

在钢铁行业消费的所有能源中，煤炭类能源是导致高碳排放系数的主要原因。在研究的区间内，能源强度从 1986 年的 1.07 百万吨标准煤/亿元下降到 2010 年的 0.3 百万吨标准煤/亿元，但碳排放系数几乎保持不变，这和钢铁工业的大量煤炭消费密不可分。因此，中国钢铁行业存在着巨大的碳减排潜力。中国钢铁行业碳减排的具体措施表现在：

第一，提高钢铁行业能源效率的措施。我国钢铁行业节能技术进步是抑制本行业能源强度的重要因素。因此，首先应该进一步推广应用各类先进节能低碳技术，如转炉煤气高效回收利用、干熄焦、烧结余热发电等，由此将带动钢铁单位产出能耗水平的进一步下降。其次，另一个重要途径就是控制钢铁工业的生产能力。钢铁工业还存在大量落后产能，应该加大力度淘汰落后产能，主要是淘汰能源效率较低的西部经济区、中部经济区的落后产能，使钢铁工业的产业布局调整在抑制钢铁工业碳排放的增加中发挥作用。最后，长期途径增加节能减排相关研发投入，对具有自主知识产权的钢铁低碳技术给予支持，提高低碳技术的普及率。

第二，调整钢铁行业能源结构的措施。从本章的分析看出，对碳排放变动产生负效应的另一个主要因素就是化石能源比例。1986 年到 2010 年间，钢铁行业化石能源比例从 95% 下降到 90%，这从一定程度上抑制了碳排放总量，但化石能源比例仍然较高。我国钢铁工业的能源结构特征和我国能源资源现状相关，在一定时期内，煤炭仍将是主要的能源资源，但是努力调整能源结构，减少煤炭消费，提高新能源和可再生能源消费比例，是今后低碳发展的主要途径。

第三，行业外部的减排措施。钢铁行业的碳减排也要和其他工业联合起来，与其他行业形成生态链，发展循环经济。比如说钢铁工业和建材行业的联合发展，将冶金炉渣应用在建材行业。此外，积极参与国家正在建立的碳交易市场，运用市场机制实现减排目标。

第八章　中国钢铁工业的二氧化碳减排趋势预测

一、研究方法

在分析了钢铁工业能源相关碳排放变动的主要驱动因素之后，本章将运用计量经济学模型对中国钢铁工业碳排放的长期均衡关系进行估计，并在此基础上预测未来的碳减排潜力。基于1985—2010年的历史数据，选取碳强度作为研究主体，估计各经济变量（能源替代、劳动生产率、技术进步及能源价格）和碳强度之间的经济关系，运用情景分析方法对2011—2020年的中国钢铁工业碳强度及减排趋势进行预测。

为了对中国钢铁工业碳排放趋势进行预测，本章采用协整模型对中国钢铁工业的碳排放及其影响因素的长期关系进行估计，具体方法描述见第三章。由于大多数经济变量是随机游走的，协整方法被广泛应用于应用能源经济模型进行的能源需求和碳排放的研究中。在进行协整分析之前，首先需对时间序列的稳定性进行检验，本章同样采用ADF、PP、和KPSS单位根检验方法验证各变量的稳定性。经济变量之间稳定的线性组合表明存在协整关系，意味着一种长期均衡。

由于本章的时间序列存在小样本特征，还必须对VAR模型的稳健性进行验证。系数矩阵的特征根通常被用来检验VAR模型的稳健性。如果系数矩阵的特征根都小于1，表示模型的参数在长期是稳定的。此外，累计递归残差和统计量（CUSUM），累计递归残差平方和统计量（CUSUMSQ）也可以用来检验参数稳定性。如果CUSUM和CUSUMSQ

统计量在5%的显著水平下是稳定的，则可以说明模型系数的稳定性。

由于基于协整模型的预测过程是静态的，因此还必须对预测风险进行进一步分析。本章采用蒙特卡洛技术克服协整模型在预测上存在的缺陷，具体方法见第三章。

二、变量和数据来源

本章同样采用碳排放系数法对中国钢铁工业能源消费相关碳排放量进行估计。为了对中国钢铁工业的减排潜力进行预测，需要确定模型的被解释变量和解释变量。本章选取的解释变量为碳强度变量，用单位工业增加值碳排放表示。接下来需要对碳强度变量的主要解释变量进行分析。根据第六章的因素分解分析结果，中国钢铁工业碳排放变动的主要影响因素为能源强度效应、经济活动效应和能源结构效应。因此，本章将选取技术进步指标和能源价格指标来反映能源强度效应，劳动生产率指标反映经济活动效应，能源替代指标反映能源结构效应，对碳排放强度和其影响因素之间的长期关系进行估计。因此，主要解释变量包括能源替代、劳动生产率、技术进步和能源价格。根据协整方法，运用1985—2010年的时间序列数据，我们将估计中国钢铁工业碳排放强度和解释变量之间的长期弹性系数，并在此基础上进行减排预测。

能源替代：化石燃料和非化石燃料间的替代影响碳排放总量。非化石燃料包括水电、核电和新能源。化石燃料比例的增加将降低单位产出的碳排放量。本章采用中国钢铁工业非化石能源比例来代表能源替代变量，因此，该变量对碳强度具有负的影响。各种化石能源和非化石能源消费量的数据来自于《中国统计年鉴》。

劳动生产率：本章采用人均工业增加值表示劳动生产率。劳动生产率的提高反映钢铁工业生产效率的提高，对碳强度具有负面影响。钢铁工业增加值的年度数据来自于CEIC中国数据库，从业人员人数来自于《中国统计年鉴》。钢铁工业的能源需求和碳排放增加最主要的驱动因素就是行业的经济活动绩效。1985年到2010年间，中国钢铁工业劳动生产率水平显著提高，从人均6900元上升到74000元。

技术进步：技术进步是能源强度下降、碳排放降低的最主要因素。技术进步和研发支出的多少密切相关。本章采用研发强度指标来表示技术进步水平，研发强度定义为研究发展支出占总销售收入的比例。研究发展支出数据来自于《中国科技统计年鉴》，总销售收入数据来自于《中国钢铁工业年鉴》。研发支出的比例影响到新的节能减排技术的推广用，因此和碳强度具有负的相关关系。

能源价格：能源价格变动会通过价格机制的作用对能源消费量产生影响，进而影响到能源相关的二氧化碳排放量。当能源价格上升，钢铁企业会减少能源使用，导致碳排放量下降；反之，当能源价格下降，钢铁企业能源消费量增加，碳排放量增加。由于数据的缺失，本章采用原材料和燃料价格指数来代表能源价格的变化。

此外，还有一些其他因素会对碳强度的变动趋势产生影响。碳排放贸易情况会影响碳强度的变动趋势，然而，中国的碳排放贸易仍然处于起步阶段，相关参与企业的排放数据难以获得，同时对于在不同能源结构下的排放定义也还存在争议，本章将忽视该变量对碳强度的影响。

钢铁工业的生产结构和产品结构也会影响到碳强度。在过去的发展过程中，中国的钢铁企业过度注重生产的扩张，忽视了经济活动对环境的影响。为了进一步推进节能减排，需要提高对钢铁工业产品结构的重视，提高钢铁工业产品的附加值有利于降低碳强度。由于钢铁工业产品结构数据缺失，本章的估计没有考虑该影响因素。

三、实证结果

（一）协整检验

为了检验变量的稳定性，本章对五个变量分别进行了 ADF 检验、PP 检验和 KPSS 检验。表 8-1 给出了各变量及一阶的检验结果。lnCI、lnES、lnLP、ln$T$ 和 ln$P$ 分别表示能源强度、能源结构、劳动生产率、技术进步和能源价格变量的自然对数。

表 8-1　**单位根检验结果**

系列	ADF 检验		PP 检验		KPSS 检验	
	无趋势	有趋势	无趋势	有趋势	无趋势	有趋势
lnCI	0.033274	−2.245353	−0.340046	−1.682378	0.556083**	0.170659
lnES	0.067202	−2.642937	0.436198	−2.64294	0.741461***	0.115203
lnLP	0.579693	−3.125311	0.627801	−1.621212	0.681952**	0.17803**
ln*T*	−2.027153	−1.509909	−1.963672	−1.364539	0.552282**	0.16028**
ln*P*	−1.445383	−1.215484	−1.481906	−1.246371	0.718598***	0.169548**
⊿lnCI	−3.760757***	−4.370155**	−3.47736**	−3.460721*	0.188052	0.075007
⊿lnES	−5.059457***	−4.946386***	−5.23577***	−5.09961***	0.1515	0.090427
⊿lnLP	−2.839375*	−3.529107*	−3.155204**	−3.332589*	0.275417	0.102421
⊿ln*T*	−5.682693***	−6.130511***	−5.720698***	−6.549842***	0.307688	0.5***
⊿ln*P*	−4.411589***	−4.789853***	−4.411589***	−4.838731***	0.251696	0.081503

注：(1) 本书采用 EViews6.0 进行单位根检验，⊿ 表示变量的一阶形式。

(2) ADF 检验的临界值为：在 5%的显著水平下，考虑常数（趋势）−2.986（−3.603）；在 1%的显著水平下，考虑常数（趋势）−3.724（−4.374）。

(3) KPSS 检验的临界值为：在 5%的显著水平下，考虑系数（趋势）0.463（0.146）；在 1%的显著水平下，考虑系数（趋势）0.739（0.216）。

(4) ***、** 和 * 分别表示在 1%、5%和 10%的显著水平下是显著的。

从表 8-1 可以看出，ADF 和 PP 检验都表明所有变量的水平序列都是不稳定的。在 KPSS 检验中，水平值的结果不是十分一致，但是仍然可以接受水平序列是不稳定的假设（Hondroyiannis，2004）。更进一步，一阶差分序列的单位根检验结果表明所有变量的一阶差分序列不存在单位根。因此，所有变量都是一阶稳定的，可以继续进行协整检验。

在分析变量的协整关系之前，还必须建立一个无约束向量自回归模型来确定滞后阶数。本书建立了由 lnCI、lnES、lnLP、ln*T* 和 ln*P* 五个变量组成的 VAR 模型，根据以下 LogL、LR、FPE、AIC、SC 和 HQ 六个选择标准（表 8-2），应选择滞后一阶。

表 8-2　　**滞后阶数选择结果**

阶数	LogL	LR	FPE	AIC	SC	HQ
0	31.2676	NA	7.71E-08	-2.18897	-1.94354	-2.12385
1	132.2485	151.4714 *	1.45e-10*	-8.52071	-7.048144*	-8.130039*
2	159.0172	28.99938	1.71E-10	-8.668100*	-5.96839	-7.95187

注：（1）内生变量包括 lnCI、lnES、lnLP、ln*T* 和 ln*P*；外生变量为 *C*；样本区间为 1985—2010 年。

（2）*表示该准则下选择的阶数。

接下来进行迹检验和最大特征值检验，对变量之间的协整关系进行估计并确定协整方程。表 8-3 的结果表明，迹检验和最大特征值检验在5%的显著水平上给出了类似的检验结果。

表 8-3　　**协整检验结果**

无约束协整检验（迹检验）				
假定的 CE 数量	特征值	迹统计量	0.05 临界值	概率**
无*	0.944106	185.6569	88.8038	0
最多 1 个*	0.923465	119.3178	63.8761	0
最多 2 个*	0.767014	60.20773	42.91525	0.0004
最多 3 个*	0.569183	26.7019	25.87211	0.0394
最多 4 个	0.273038	7.334263	12.51798	0.3109
无约束协整检验（最大特征值检验）				
假定的 CE 数量	特征值	最大特征值统计量	0.05 临界值	概率**
无*	0.944106	66.33903	38.33101	0
最多 1 个*	0.923465	59.1101	32.11832	0

续表

假定的 CE 数量	特征值	最大特征值统计量	0.05 临界值	概率**
最多 2 个*	0.767014	33.50583	25.82321	0.004
最多 3 个	0.569183	19.36764	19.38704	0.0503
最多 4 个	0.273038	7.334263	12.51798	0.3109

注：（1）迹检验表示在 5%的显著水平上存在 4 个协整方程。

（2）最大特征值检验表示在 5%的显著水平上存在 3 个协整方程。

（3）＊表示在 5%的显著水平上拒接原假设。

（4）** 表示 P 值来自于 MacKinnon-Haug-Michelis（1999）的研究。

通过验证，我们发现只有一个协整向量具有经济含义且符合预期。为了对碳强度进行准确预测，因此本章选择并且标准化最符合我们之前预期的那个协整向量，同时根据统计量的非显著性和经济理论的不一致性而排除掉另外两个协整向量。根据标准化协整向量系数，可以建立相应的协整方程：

$$\ln CI = -0.677\ln ES - 0.643\ln LP - 0.138\ln T - 0.052\ln P + 0.051@\text{Trend} \tag{8-1}$$

（0.25450）（0.04739）（0.05119）（0.04876）（0.00817）

这里，括号中的数字表示标准差。从公式（8-1）中可以看出以下几点：

第一，1985 年到 2010 年间，公式（8-1）表明被解释变量和解释变量之间存在长期关系。

第二，和预期相符，各个解释变量的系数为负，表明长期内，技术水平、劳动生产率、能源替代关系和能源价格对碳强度都具有负效应。换句话说，弹性系数估计结果表明，技术水平、劳动生产率、能源替代和能源价格分别上涨 1%，会使得碳强度分别下降 0.138%、0.643%、0.677%和 0.052%。

第三，能源替代和劳动生产率提高在碳强度下降上发挥了重要的作用。技术进步对碳强度也起到一定的影响。能源价格变量的弹性最小，对降低碳强度作用不是十分明显。

（二）稳定性检验

由 VAR 模型所得到的协整方程并不能保证估计的系数必然是稳定的。因此必须检验 VAR 模型的估计系数是否随时间发生改变。本章对系数矩阵的特征根情况进行了验证（见图 8-1），结果表明所有单位根都小于单位圆，因此我们认为协整方程的系数满足平稳性检验。

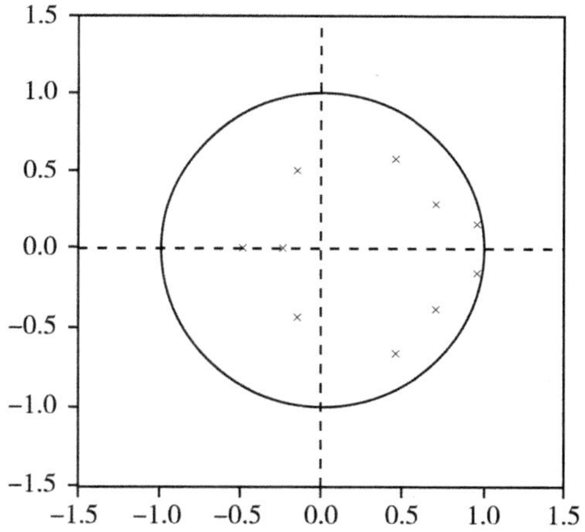

图 8-1　VAR 模型特征根检验

接下来我们进行了 CUSUM 和 CUSUMSQ 统计量检验，图 8-2 给出了 CUSUM 和 CUSUMSQ 的统计量分布图。结果表明模型在 5%的显著水平下是稳定的。结合图 8-1 和图 8-2，我们认为本章的 VAR 模型满足稳定性条件。因此，由 VAR 模型得到的协整方程的估计系数是有效的。

（三）拟合度检验

为了验证 VAR 模型估计系数的拟合程度，本章将解释变量能源替代、劳动生产率、技术水平和能源价格在 1985—2010 年的历史数据代

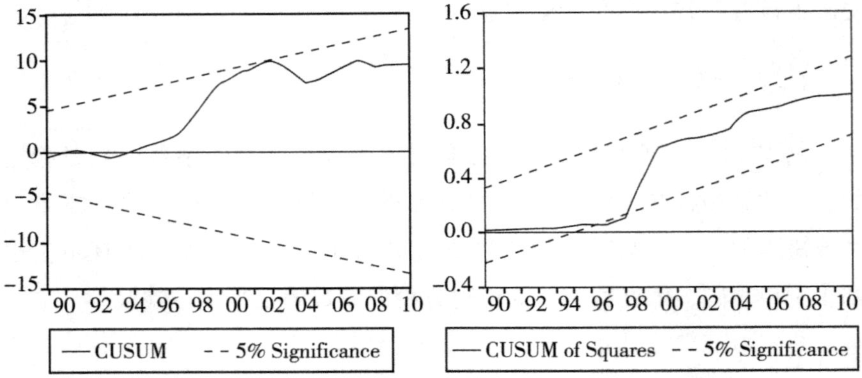

图 8-2　CUSUM 统计量和 CUSUMSQ 统计量

入协整方程得到拟合的曲线，如图 8-3 所示。通过拟合值和真实值的比较可以看出，模型的拟合程度较高，可以用来进行预测。

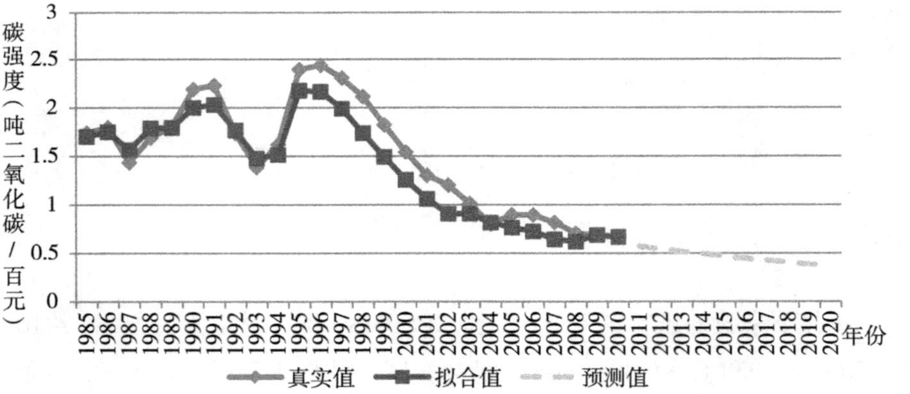

图 8-3　中国钢铁工业碳强度的真实值、拟合值和预测值

这里，首先对未来碳强度变动的基准情景进行设定。在基准情景下，我们认为各个解释变量按历史趋势发生变动，因此，基准情景下各个解释变量的增长率为 1985—2010 年的平均年增长率。换句话说，在基准情景下，各个解释变量将在 2011—2020 年保持历史年均增长率，

被解释变量碳强度的未来值通过公式（8-1）进行预测，结果也表现在图 8-3 中。本章的预测区间为 2011—2020 年，这一时期是中国经济转型的关键时期，对碳强度的合理预测可以为经济的低碳发展提供相应的政策建议。在基准情景下，中国钢铁工业的碳强度将从 2010 年的 0. 662 吨碳排放/百元下降到 0. 369 吨碳排放/百元。碳强度下降的主要原因在于能源替代的作用和劳动生产率提高的影响。

（四）风险分析

由于基准情景下的预测基于各解释变量确定的增长率，然而各解释变量未来的增长率是不确定的。各解释变量的增长率变动存在各种可能性，在进行预测时应该对各种可能情况和概率分布进行综合考虑。因此，本小节我们将对本章的预测进行风险控制。

蒙特卡洛技术的关键步骤在于根据各变量的概率分布进行随机抽样。本章运用 MATLAB7. 0 软件对各个变量的概率分布进行检验。结果表明在 5%的显著水平下各解释变量服从标准正态分布。确定概率分布后，在 stata 10. 0 中使用“sum”命令得到各解释变量的统计分布情况（见表 8-4）。

表 8-4　　**各解释变量统计分布**

变量	样本空间	均值	标准差	最小值	最大值
dlnES	25	0. 028689	0. 044028	−0. 10411	0. 110738
dlnLP	25	0. 013384	0. 447807	−2. 00119	0. 269736
dln*T*	25	0. 021764	0. 247839	−0. 72914	0. 403442
dln*P*	25	0. 100006	0. 107317	−0. 11429	0. 428382

根据蒙特卡洛模拟得到的随机数，可以得到被解释变量中国钢铁工业碳强度在 2020 年的预测值。重复进行 5000 次，则得到了碳强度 2020 年的概率分布。图 8-4 和图 8-5 表示中国钢铁工业 2020 年碳强度的概率直方图和累计概率分布。

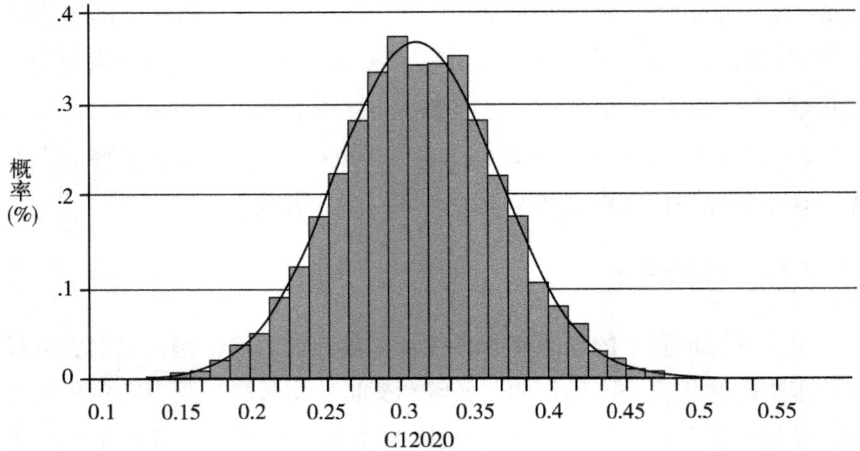

图 8-4　中国钢铁工业 2020 年碳强度的概率分布（单位：吨碳排放/百元）

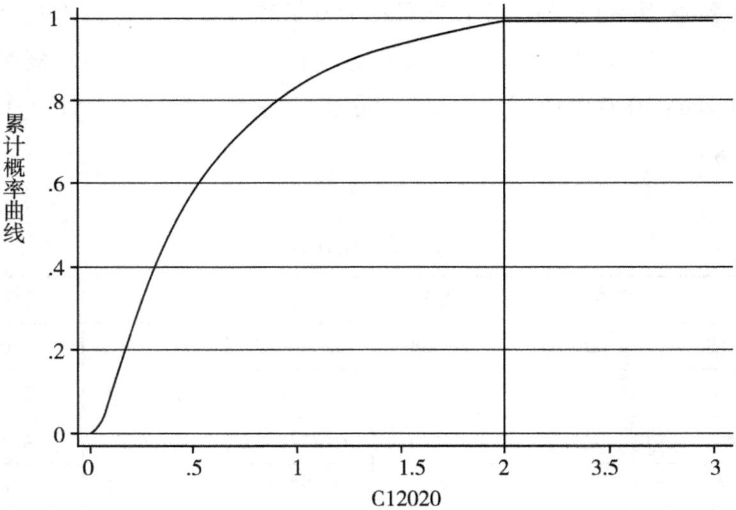

图 8-5　中国钢铁工业 2020 年碳强度的累积概率分布

从图 8-4 可以看出，2020 年中国钢铁工业碳强度最有可能落入［0.3，0.4］吨碳排放/百元的区间内，落入该区间的概率超过 30%。在基准情景下，上文预测的碳强度值为 0.369 吨碳排放/百元，正好在这一最大概率区间，说明上文的预测具有合理性。

从图 8-5 可以看出，如果各解释变量保持增长的趋势，2020 年中国钢铁工业碳强度小于 2 吨碳排放/百元的概率是 100%，碳强度小于 0.1 吨碳排放/百元的概率几乎为零。下面，我们将运用情景分析方法对中国钢铁工业的碳减排趋势进行进一步预测。

（五）碳减排潜力预测

结合上文的基准情景设计，我们将再设计两种碳排放情景，如表 8-5 所示。高度排放情景表示在最严苛的减排政策下碳减排能源达到的最大可能。在此情景下，各解释变量的未来增长将按历史最高增长率进行。根据各解释变量的历史增长情况，能源替代、劳动生产率，技术进步和能源价格的最高历史值分别为 5%、15%、8%和 16%。政府将采用各种促进碳减排的政策保证各解释变量在今后一段时间内保持历史最高增长率。为了不失一般性，我们还设定了一个适度排放情景。在适度排放情景下，各解释变量的增长率为高度排放情景和基准情景的平均值。

表 8-5　　**中国钢铁工业碳排放情景设计**

变量	基准情景	适度排放情景	高度排放情景
EM	3%	4.5%	5%
LP	11.2%	13%	15%
T	5%	6.5%	8%
P	11%	13.5%	16%

基于上述情景设计和对中国钢铁工业碳排放长期均衡关系的估计，我们可以对碳强度的未来趋势进行预测，预测结果如表 8-6 和图 8-6 所示。

表 8-6　　中国钢铁工业碳强度预测（吨碳排放/百元）

情景	2015 年	2020 年
基准情景	0. 4706	0. 3693
适度排放情景	0. 4154	0. 2880
高度排放情景	0. 3796	0. 2405

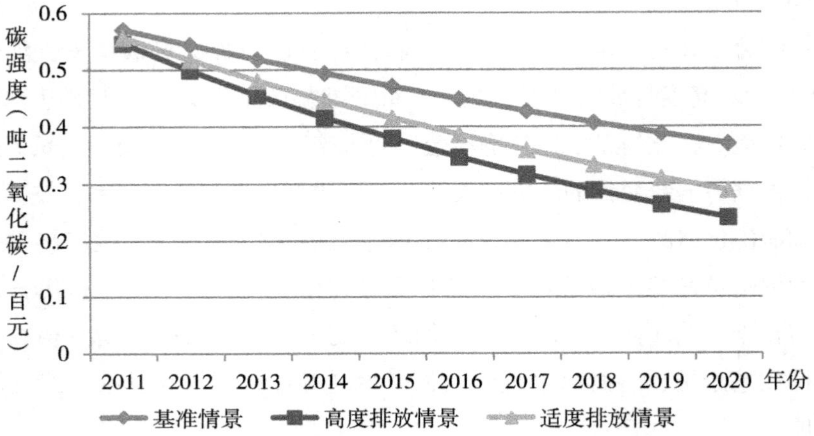

图 8-6　不同情景下碳强度预测趋势

从图 8-6 可以看出，不同情景下碳强度的下降趋势有所不同。在适度排放情景下，中国钢铁工业碳强度将从每百元增加值 0. 662 吨碳排放下降到 2020 年每百元增加值 0. 2888 吨碳排放的水平。对于高度排放情景，2020 年的碳强度会进一步下降到每百元增加值 0. 241 吨碳排放。

在对碳强度进行讨论之后，我们进一步分析碳减排数量。为了估计碳减排潜力，我们考虑两种碳减排情景，一种情景是，中国钢铁工业的碳强度从基准情景向适度碳排放情景转化；另一种情景是，碳强度从基准情景向高度碳排放情景转化。本章将两种情景分别定义为适度减排情景和高度减排情景。

根据碳强度的定义，本章将运用公式（8-2）对碳减排数量进行估计。这里，碳减排被定义为碳强度的差距。

$$CRP_t = (CI_{BAU_t} - CI_{SCENARIO_t}) \times VA_t \qquad (8\text{-}2)$$

其中，CRP_t代表碳减排潜力，CI_{BAU_t}代表 t 时期基准情景下的碳强度，$CI_{SCENARIO_t}$代表 t 时期高度碳排放情景和适度碳排放情景下的碳强度，VA_t 代表 t 时期中国钢铁工业的增加值。

根据公式（8-2），要进行碳减排数量的估计，必须首先估计中国钢铁工业的增加值。本章根据《钢铁工业十二五规划》进行了钢铁工业增加值增长率的预测，在此基础上，中国钢铁工业的增加值估计为 2015 年 4118 亿元和 2020 年 6632 亿元。应用公式（8-2），可以进行不同减排情景下中国钢铁工业的碳减排趋势预测，结果如图 8-7 所示。

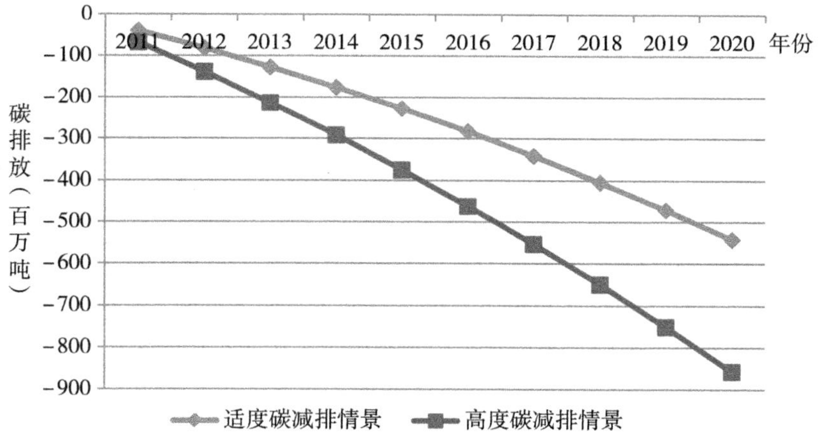

图 8-7　中国钢铁工业碳减排趋势预测

从图 8-7 中可以看出，中国钢铁工业具有巨大的碳减排潜力。如果中国钢铁工业的碳排放从基准情景转向适度排放情景，2015 年和 2020 年的碳减排潜力将分别为 227. 45 百万吨和 541. 75 百万吨。如果采用更加激进的减排措施使得碳排放从基准情景转向高度减排情景，2015 年和 2020 年的碳减排潜力将分别高达 374. 81 百万吨和 856. 68 百万吨。

四、本章小结

本章的主要议题是中国钢铁工业未来减排潜力预测。本章运用计量经济学方法进行科学预测，选择碳强度作为被解释变量，通过协整技术估计了能源替代、劳动生产率、技术进步和能源价格四个被解释变量的影响系数。结果表明，能源品种向非化石能源转化，劳动生产率提高，技术进步和能源价格提高都会起到降低钢铁工业碳强度的作用。蒙特卡洛风险分析方法进一步验证了协整模型的合理性，表明需要更加积极的碳减排措施来影响碳强度。在未来一段时间内，碳排放情景分析的结果揭示了中国钢铁工业具有巨大的减排潜力。本章的主要结论和相应的政策建议总结如下：

第一，在碳排放的基准情景、适度排放情景和高度排放情景下，估计结果表明中国钢铁工业碳强度将从 2010 年的每百元增加值 0. 662 吨碳排放分别下降到 2020 年的 0. 369 吨、0. 288 吨和 0. 241 吨。在适度碳减排情景下，2015 年和 2020 年的碳减排潜力分别为 227. 45 百万吨和 541. 75 百万吨。如果采用更加积极的减排政策，钢铁工业的碳减排潜力最大达到 856. 68 百万吨，是 2010 年排放水平的 58%。

第二，能源替代效应是碳减排的最主要影响因素（能源替代的估计系数为-0. 677）。煤炭相关能源是中国工业（包括钢铁部门）的主要能源品种，并且这种情形还会在一段时间继续保持。尽管如此，促进包括新能源等其他能源品种的使用将对能源结构起到缓和作用，降低二氧化碳排放总量。

第三，劳动生产率提高和技术进步也是碳强度下降的重要因素。在 1985 年到 2010 年间，中国钢铁工业的劳动生产率水平大大提高，生产技术水平也有较大的改进。对于未来钢铁工业的发展，仍然不能忽视这两个因素对碳减排的作用。提高劳动生产率的重点应该放在进一步培育技术工人上面，进而提高高新技术的应用。技术进步的重点在于企业对研发的进一步支持。

第四，和第三章对能源强度估计的结果类似，能源价格因素对碳强度影响也比较微弱，进一步反映了中国能源价格体制存在的问题。从理论上分析，能源成本的提高将导致能源使用效率提高，由此碳排放总量下降。然而，由于中国的能源价格长期受政府管制，价格机制并不能有效地发挥作用，因此限制了对碳强度的影响。未来政策目标应放在进一步推进能源定价市场化改革上，让市场机制在节能减排中发挥作用。

第九章　中国钢铁工业的全要素碳排放绩效分析

一、碳排放绩效评价

在对现有文献的研究中，我们发现对于二氧化碳排放的相关研究大多局限于分析碳强度及其影响因素。关于碳强度的因素分解分析是研究碳排放变化的方便易行的方法，但是不能够对碳排放绩效进行有效的评价。更进一步地说，碳强度指标类似于能源强度指标，主要的问题在于其设定基于单要素效率，仅仅度量了碳排放量和产出之间的比例关系。自从前沿分析方法提出后，对能源消费和碳排放进行效率评价时基本从全要素角度进行考虑。通过将环境因素引入传统的研究方法中，两种前沿分析方法（包括 DEA 和 SFA 方法）也被应用于进行碳排放绩效的评价。

许多文献在传统 DEA 模型中引入环境因素对生产过程的环境绩效进行研究。引入环境因素的 DEA 模型被叫作环境 DEA 模型，主要变量包括劳动、资本和能源等原始投入变量和产出变量，还包括环境变量。这里传统的产出变量被称作有效产出；环境变量（包括二氧化碳、二氧化硫和氮氧化物等）被称作是无效产出或投入。在这方面，Song 等（2012）总结了环境 DEA 技术的基础理论成果。Clara 和 Semida（2012）采用环境 DEA 技术研究了瑞典服务业 19 个子部门的能源消费和碳排放效率，结果表明瑞典该部门在进行碳减排时，技术效率和能源效率都有所提高。Guo 等（2011）估计了中国 29 个省市自治区的碳排放绩效，结果发现节能技术和能源替代是碳减排的两个有效方法。基于非径向环境 DEA 方法，Choi 等（2012）研究了中国碳排放绩效和相应的减排潜力。该文章得到了中国碳排放的影子价格，中国平均边际碳减排成本约为 7.2 美元。Bian 等（2013）同样基于非径向环境 DEA 方法和情景分析方法研究了中国的碳排放绩效问题。通过以上文献研究发现，基于 DEA 技术的碳排放绩效评价存在一定的缺陷。由于 DEA 技术采用非参数方法，因此并没有对函数形式进行识别。同时该方法将所有对于前沿的偏差都视为非效率，可能导致对非效率的过度估计。

和 DEA 技术相比，SFA 技术具备清楚的函数形式，同时对经济数据中的随机扰动进行了识别。由于该方法相对比较前沿，运用 SFA 技术进行碳排放绩效评价的文献相对较少，大多数文献仅限于运用 SFA 技术进行能源效率评价。采用 SFA 模型，杜克锐和邹楚沅（2011），Dong 等（2013）运用不同区间的数据对中国的碳排放绩效进行了研究并且得到了相似的结论。整体而言，中国碳排放绩效呈上升趋势，同时东部地区的碳排放绩效高于中部和西部地区。两篇文献的共同特点还在于将二氧化碳看成是能源投入的附属品，因此将碳排放量看成是一种投入变量引入生产函数。Wang 等（2013）提出了另一种新的 SFA 模型来对全要素碳排放绩效进行了研究，在该模型中将碳排放量作为产出变量引入生产函数。研究发现中国东南地区和西部地区的碳排放绩效有较大不同，并提出管制政策是中国长期碳减排的重要方法和手段。通过文献梳理发现，还没有文献运用 SEA 方法对工业部门的碳排放绩效进行评价。

虽然中国钢铁工业部门是中国主要的二氧化碳排放部门之一，但对于钢铁工业碳排绩效进行研究的文献较少。由于对于中国细分工业部门碳排放量缺少统计，许多学者研究的重点在于进行碳排放量估计，例如上官方钦等（2010），徐文青等（2013）和 Tian 等（2013）。还有的文献对中国钢铁工业的碳减排潜力进行研究。例如，基于亚洲—太平洋整合模型（AIM），Wen 等估计了中国钢铁工业的节能潜力和碳减排潜力。根据该文预测，在严苛政策情景下，中国钢铁工业 2020 年的碳减排潜力将达到 218 百万吨，同时技术革新是能源节约和碳减排的主要推动因素。以上研究都进一步说明了中国钢铁工业碳排放问题的重要性。

因此，在气候变化已经成为中国经济发展严峻挑战的前提下，本章将以钢铁工业为例，研究中国能源密集型工业部门的碳排放绩效和相应的减排潜力。通过对全要素碳排放绩效和碳减排潜力进行估计，我们希望对中国钢铁工业的现有研究作出一定贡献。基于随机前沿距离函数，我们将对全要素碳排放绩效进行定义并且运用省际面板数据进行实证研究。更进一步的，由于不同地区的钢铁工业发展水平不同，我们将对全要素碳排放绩效进行分区域的分析讨论，并在此基础上对不同地区钢铁工业的低碳发展提供政策建议。

二、模型的建立

本章采用随机前沿技术来研究碳排放绩效（Lin 和 Wang，2015）。通过阅读文献可以发现，一般有两种方法将无效产出引入生产函数中：一是作为投入要素，二是作为产出要素。为了区分无效产出和有效产出，大多数文献将其视为一种产出要素（Du 等，2014）。本章沿用 Wang 等（2013）的方法将碳排放量引入生产函数中对钢铁工业全要素碳排放绩效进行测量。基本的研究方法如下。

根据 Fare 等（1989）的研究，生产过程中总是伴随着一些副产品，例如无效产出，本章关注的是二氧化碳排放。因此生产中的投入要素包括资本（K）、劳动（L）和能源（E）三要素，产出包括有效的钢铁工业产出（Y）和无效产出二氧化碳（C）。对于生产函数，同时还有两个基本的假定。第一，弱可处置性假定。该假定意味着如果希望减少一定数量的二氧化碳排放量，钢铁工业产出必须减少同样的比例。也就是说，如果 $(Y, C) \in P(K, L, E)$，同时 $0 \leqslant \theta \leqslant 1$，那么可以得到 $(\theta Y, \theta C) \in P(K, L, E)$。第二，零结合性。该假定意味着生产过程中无效产出是不可避免的。如果 $(Y, C) \in P(K, L, E)$，同时 $C=0$，那么 $Y=0$。为了建立全要素碳排放绩效指数，方向距离函数可以设定为：

$$D_I(K_{it}, L_{it}, E_{it}, Y_{it}, C_{it}) = \sup\{Y_{it} + \beta g_y, C_{it} - \beta g_c) \in P(K_{it}, L_{it}, E_{it})\} \tag{9-1}$$

其中，$g=(g_y, g_c)$ 是距离向量，g_y 表示钢铁工业产出的扩张方向，g_c 表示碳排放量的减少方向。根据方向距离函数的设定，全要素碳排放绩效指标可以定义为：

$$\text{TFCP} = 1 - D_I(K_{it}, L_{it}, E_{it}, Y_{it}, C_{it}) \tag{9-2}$$

与此同时，碳减排潜力定义为：

$$\text{CMP} = (1 - \text{TFCP}) \cdot C_{it} \tag{9-3}$$

这里的碳减排潜力定义表示的是各个省份和效率前沿的碳排放差距，只反映了技术上的减排潜力，没有考虑到经济和社会成本（Ürge-Vorsatz 和 Novikova，2008）。我们将进一步对生产函数的具体形式进行设定，由于超越对数生产函数形式简单灵活，同时能够反映变量间的相互关系，本章将选用超越对数形式的生产函数。因此，基于超越对数生产函数的方向距离函数可以表示为：

$$\begin{aligned}\ln D_I = {} & \beta_0 + \beta_k \ln K_{it} + \beta_l \ln L_{it} + \beta_e \ln E_{it} + \beta_y \ln Y_{it} + \beta_c \ln C_{it} + \beta_{kl} \ln K_{it} \cdot \ln L_{it} + \\ & \beta_{ke} \ln K_{it} \cdot \ln E_{it} + \beta_{ky} \ln K_{it} \cdot \ln Y_{it} + \beta_{kc} \ln K_{it} \cdot \ln C_{it} + \beta_{le} \ln L_{it} \cdot \ln E_{it} + \\ & \beta_{ly} \ln L_{it} \cdot \ln Y_{it} + \beta_{lc} \ln L_{it} \cdot \ln C_{it} + \beta_{ey} \ln E_{it} \cdot \ln Y_{it} + \beta_{ec} \ln E_{it} \cdot \ln C_{it} + \\ & \beta_{yc} \ln Y_{it} \cdot \ln C_{it} + \frac{1}{2}\beta_{kk}(\ln K_{it})^2 + \frac{1}{2}\beta_{ll}(\ln L_{it})^2 + \frac{1}{2}\beta_{ee}(\ln E_{it})^2 \\ & \frac{1}{2}\beta_{yy}(\ln Y_{it})^2 + \frac{1}{2}\beta_{cc}(\ln C_{it})^2 + \nu_{it}\end{aligned} \tag{9-4}$$

由于距离函数具有转换属性，因此可以对其形式进行变换（Fare 等，2005）。如果钢铁工业产出在 g_y 方向上增加 α 数量，同时碳排放在 g_c 方向上减少 α 数量，那么距离为 α。因此，如果假定增加和减少的数量 α 为 C_{it}，i 表示具体省份，t 表示年份，那么方向距离函数将满足以下条件：

$$D_I(K_{it}, L_{it}, E_{it}, Y_{it} + \alpha g_y, C_{it} - \alpha g_c) = D_I(K_{it}, L_{it}, E_{it}, Y_{it}, C_{it}) - \alpha \tag{9-5}$$

$$D_I(K_{it}, L_{it}, E_{it}, Y_{it} + C_{it}, 0) = D_I(K_{it}, L_{it}, E_{it}, Y_{it}, C_{it}) - C_{it} \tag{9-6}$$

进一步转化成以下形式：

$$\begin{aligned}\ln D_I\ (\ln K_{it},\ \ln L_{it},\ \ln E_{it},\ \ln Y_{it}+\ln C_{it},\ 0)\ &=\beta_0+\beta_k \ln K_{it}+\beta_l \ln L_{it}+\beta_e \ln E_{it}\\ &+\beta_y\ (\ln Y_{it}+\ln C_{it})\ +\beta_{kl}\ln K_{it}\cdot \ln L_{it}+\beta_{ke}\ln K_{it}\cdot \ln E_{it}+\beta_{ky}\ln K_{it}\cdot\ (\ln Y_{it}+\ln C_{it})\\ &+\beta_{le}\ln L_{it}\cdot \ln E_{it}+\beta_{ly}\ln L_{it}\cdot\ (\ln Y_{it}+\ln C_{it})\ +\beta_{ey}\ln E_{it}\cdot\ (\ln Y_{it}+\ln C_{it})\\ &+\frac{1}{2}\beta_{kk}\ (\ln K_{it})^2+\frac{1}{2}\beta_{ll}\ (\ln L_{it})^2+\frac{1}{2}\beta_{ee}\ (\ln E_{it})^2+\frac{1}{2}\beta_{yy}\ (\ln Y_{it}+\ln C_{it})^2+\nu_{it}\end{aligned} \tag{9-7}$$

将公式（9-7）代入公式（9-6）可以得到：

$$\begin{aligned}-\ln C_{it} = &\beta_0 + \beta_k \ln K_{it} + \beta_l \ln L_{it} + \beta_e \ln E_{it} + \beta_y(\ln Y_{it} + \ln C_{it})\\ &+ \beta_{kl}\ln K_{it}\cdot \ln L_{it} + \beta_{ke}\ln K_{it}\cdot \ln E_{it} + \beta_{ky}\ln K_{it}\cdot(\ln Y_{it} + \ln C_{it})\\ &+\beta_{le}\ln L_{it}\cdot \ln E_{it} + \beta_{ly}\ln L_{it}\cdot(\ln Y_{it} + \ln C_{it}) + \beta_{ey}\ln E_{it}\cdot(\ln Y_{it} + \ln C_{it})\\ &+ \frac{1}{2}\beta_{kk}(\ln K_{it})^2 + \frac{1}{2}\beta_{ll}(\ln L_{it})^2 + \frac{1}{2}\beta_{ee}(\ln E_{it})^2\\ &+ \frac{1}{2}\beta_{yy}(\ln Y_{it} + \ln C_{it})^2 + \nu_{it} - u_{it}\end{aligned} \tag{9-8}$$

这里，$u_{it} \equiv D_I(\ln K_{it}, \ln L_{it}, \ln E_{it}, \ln Y_{it}, \ln C_{it})$。$v_{it} \sim N\ (0,\ \sigma_v^2)$ 同时和 u_{it} 是相互独立的。通过对公式（9-8）的系数进行估计，我们可以对中国钢铁工业的全要素碳排放绩效进行预测。

三、变量和数据来源

本章将运用省际面板数据对中国钢铁工业的全要素碳排放绩效和碳排放潜力进行估计。基于钢铁工业省际能源数据的可获得性，本章的样本为2000—2011年的省际面板数据。主要的数据来自于历年《中国钢铁工业年鉴》《中国工业经济统计年鉴》《中国统计年鉴》和各个省份的统计年鉴。上海市的一些数据来自于《上海工业能效指南》。所有的经济数据都转化为2000年的价格水平并同时进行对数化。主要变量如表9-1所示。

表9-1　　**全要素碳排放绩效估计的变量描述**

变量名称	缩写	样本规模	均值	标准差	最小值	最大值
现价工业产值（亿元）	Y	336	942. 636	1487. 008	18	11718. 30
二氧化碳排放量（万吨）	C	336	1185. 941	1351. 559	24. 28	9071. 18
能源消费量（万吨标煤）	E	336	1316. 749	1475. 954	26. 53	9910. 95
资本存量（亿元）	K	336	334. 576	444. 770	11. 59	3680. 33
劳动（万人）	L	336	10. 332	9. 5241	1. 19	54. 72

钢铁工业产值：由于考虑了生产中的能源投入，本章选取工业总产值指标来表示产出。各个省份的钢铁工业总产值数据来自于各省统计年鉴。为了消除价格变动的影响，所有数据都使用冶金工业产品价格指数进行平减，得到了以2000年价格为基期的不变价工业产值。通过对各省产出数据的比较，我们发现中国各个省份的钢铁工业产值分布不均，省际钢铁工业产值变量的最大值和最小值分别为1171. 8亿元和1. 8亿元。

二氧化碳排放量：由于没有关于钢铁工业能源引致的二氧化碳排放量的统计数据，本章通过系数法对碳排放的历史数据进行了估计。各个燃料的碳排放系数来自于IPCC（IPCC，2006）。同时假定排放系数不会随时间发生变化。为了避免和电力工业产生重复统计，根据IPCC标准，本章不考虑电力消费带来的间接排放。

能源消费量：本章运用终端能源消费量来表示能源投入。能源消费量数据同样来自于各省统计年鉴，个别缺失的数据通过线性插值发获得。各种能源消费量（煤炭、焦炭、石油、电力等）的单位都转化成标准煤，转化系数来自于《中国能源统计年鉴》。在转化为标准煤的过程中，本章选用的是能源热值标准。

资本存量：对于固定资本数据，中国统计年鉴有两个指标，分别是固定资产净值和固定资产原值，同时固定资产净值等于原值减去折旧率。两个统计指标都使用历史购买价格来衡量资本品的价值，因此并不能正确地反映资本存量。所以，本章运用永续盘存法（PIM）对钢铁工业的资本存量数据进行了估计。

劳动投入：劳动是钢铁工业的另一重要生产投入。本章采用工人人数变量来表示劳动投入，数据来自于《中国工业经济统计年鉴》。年鉴中的工人人数指标有两个，分别是年均人数和年末人数，本章采用的是年均人数。对于一些缺失的数据，我们利用年鉴中全要素劳动生产率的定义①，用劳动生产率乘以工业增加值获得。

四、实证结果

（一）模型估计结果

表 9-2 给出了模型各个系数的估计结果。通过极大似然估计法，公式（9-8）的所有参数都得到了估计系数，同时，大多数的参数在 5% 的显著水平上是显著的。钢铁工业产出的系数 β_y 为-0.675，同时是显著的，意味着一个省份的工业产出越大，效率损失越小，全要素碳排放绩效值越高。碳排放的系数 β_c 为正，意味着碳排放数量越高，效率损

① 全要素劳动生产率等于劳动投入除以工业增加值。

失越大，全要素碳排放绩效值越低。估计的结果和全要素碳排放绩效定义是一致的。同时，资本、劳动和能源投入变量会通过影响工业产出变量和碳排放变量对全要素碳排放绩效产生影响，根据本章的估计结果，资本、劳动和能源的系数都为正，表示生产要素投入量越高，全要素碳排放绩效值越低。

表 9-2　　模型估计结果

Number of obs = 336

Wald chi2 (14) = 22885. 18.

Log likelihood = 203. 942

Prob> chi2 = 0. 0000

系数	变量	系数值	Z 值	P>丨Z丨
β_0	constant	−0. 207	−0. 52	0. 605
β_k	ln$K$	0. 455	3. 37	0. 001
β_l	ln$L$	0. 092	0. 62	0. 583
β_e	ln$E$	0. 005	0. 03	0. 979
β_y	ln$Y$	−0. 675	−6. 37	0. 000
β_c	ln$C$	0. 325	—	—
β_{kl}	ln$K$ · ln$L$	0. 121	3. 28	0. 001
β_{ke}	ln$K$ · ln$E$	−0. 129	−3. 01	0. 003
β_{ky}	ln$K$ · ln$Y$	−0. 029	−0. 75	0. 455
β_{kc}	ln$K$ · ln$C$	−0. 029	—	—
β_{le}	ln$L$ · ln$E$	−0. 059	−2. 22	0. 026
β_{ly}	ln$L$ · ln$Y$	−0. 022	−0. 82	0. 410
β_{lc}	ln$L$ · ln$C$	−0. 022	—	—
β_{ey}	ln$E$ · ln$Y$	−0. 010	−0. 19	0. 850
β_{ec}	ln$E$ · ln$C$	−0. 010	—	—
β_{yc}	ln$Y$ · ln$C$	0. 073	—	—

续表

系数	变量	系数值	Z 值	P>丨Z丨
β_{kk}	$1/2\ln K \cdot \ln K$	0.106	1.79	0.073
β_{ll}	$1/2\ln L \cdot \ln L$	−0.018	−0.35	0.728
β_{ee}	$1/2\ln E \cdot \ln E$	−0.015	−0.17	0.867
β_{yy}	$1/2\ln Y \cdot \ln Y$	0.073	1.87	0.061
β_{cc}	$1/2\ln C \cdot \ln C$	0.073	—	—
Log likelihood		203.942		

将本章的模型估计系数代入公式（9-2）和公式（9-3）中，我们可以计算各个省区的历年全要素碳排放绩效和技术上的减排潜力值。全要素碳排放绩效小于 1 表示存在过度碳排放，因此存在减排潜力。这里的减排潜力表示在研究区间内通过提高技术效率使实际碳排放接近前沿水平，可能带来的碳减排，我们可以定义为历史减排潜力。历史减排潜力受全要素碳排放绩效和实际排放量的影响。研究区间内，全国和各个省区的平均全要素碳排放绩效和累计减排潜力如表 9-3 所示。从表 9-3 中可以看出，中国钢铁工业平均省际全要素碳排放绩效为 0.780，意味着存在 22%过度碳排放。12 年累计碳减排潜力为 835.32 百万吨，年均 69.61 百万吨。将本章的估计结果和 Wang 等（2007）进行对比发现，本章结果介于 Wang 等的估计区间内，表示技术的减排潜力是可实现的。

表 9-3　　**中国钢铁工业的碳排放绩效和减排潜力**

省份	全要素碳排放绩效	年均减排潜力（单位：百万吨）	累计减排潜力（12 年；单位：百万吨）
北京	0.749	1.426	17.109
天津	0.951	0.346	4.146
河北	0.810	10.924	131.093

续表

省份	全要素碳排放绩效	年均减排潜力 （单位：百万吨）	累计减排潜力 （12 年；单位：百万吨）
山西	0.849	4.030	48.355
内蒙古	0.813	3.006	36.073
辽宁	0.810	7.220	86.644
吉林	0.786	1.266	15.188
黑龙江	0.888	0.326	3.912
上海	0.837	2.289	27.466
江苏	0.746	6.754	81.042
浙江	0.806	1.119	13.424
安徽	0.734	3.182	38.184
福建	0.791	0.837	10.045
江西	0.764	1.854	22.250
山东	0.791	5.279	63.346
河南	0.837	1.385	16.624
湖北	0.832	0.474	5.693
湖南	0.827	1.854	22.251
广东	0.786	1.643	19.716
广西	0.701	2.666	31.996
四川	0.727	2.344	28.128
重庆	0.856	0.269	3.226
贵州	0.717	1.898	22.778
云南	0.716	2.481	29.770
陕西	0.742	0.684	8.205
甘肃	0.747	1.639	19.670
青海	0.552	1.083	12.997

续表

省份	全要素碳排放绩效	年均减排潜力（单位：百万吨）	累计减排潜力（12年；单位：百万吨）
新疆	0.679	1.332	15.988
全国绩效	0.780	—	—
全国减排潜力	—	69.610	835.317

在各省市中，天津的平均碳排放绩效最高（0.951），表示天津基本处于碳排放绩效的前沿。换一个方法表示，天津碳排放非效率部分低于10%，结果带来了仅仅4.15百万吨的累计减排潜力。天津是典型的东部沿海省份，具有明显的地理和区位优势。碳排放绩效值最低的是青海省，在研究区间内徘徊在0.55的水平。新疆、广西和贵州的绩效值也处于较低水平，这些省份都处于西部地区，在地理条件和水资源分布上具有极大的劣势。然而，我们并不能因此忽视这些省份的钢铁工业生产和碳排放问题。

河北减排潜力最大，年均减排潜力为10.92百万吨。接下来依次是辽宁（7.22百万吨）和江苏（6.75百万吨）。同时，比较发现河北的钢铁产出规模在各省区中排名第一，因此，虽然河北的碳排放绩效相对较高，但是仍然具有较大的减排潜力。比较而言，福建、天津、黑龙江、湖北和重庆等省市的碳减排潜力较小。

根据全要素碳排放绩效的变动，我们可以画出全要素碳排放绩效变动的趋势图（见图9-1）。从图9-1可以看出，中国钢铁工业的全要素碳排放绩效表现出了波动上升的趋势，从2000年的0.715上升到2011年的0.791。值得关注的是，2008年的全要素碳排放值处于比较低的水平，反映了当年中国钢铁工业经历的转变情况。2008年中国钢铁生产从过去的高速增长转变为负增长，同时由于资源短缺，钢铁市场从买方市场转变为卖方市场。然而，钢铁生产中的能源消费仍然保持增长态势，因而导致了过度的二氧化碳排放，表现为较低的全要素碳排放绩效值。在 2000 年到 2011 年间，由于实际碳排放量的增长，中国钢铁工业的减排潜力表现出明显的上升趋势，其年均增长率为 11.76%。

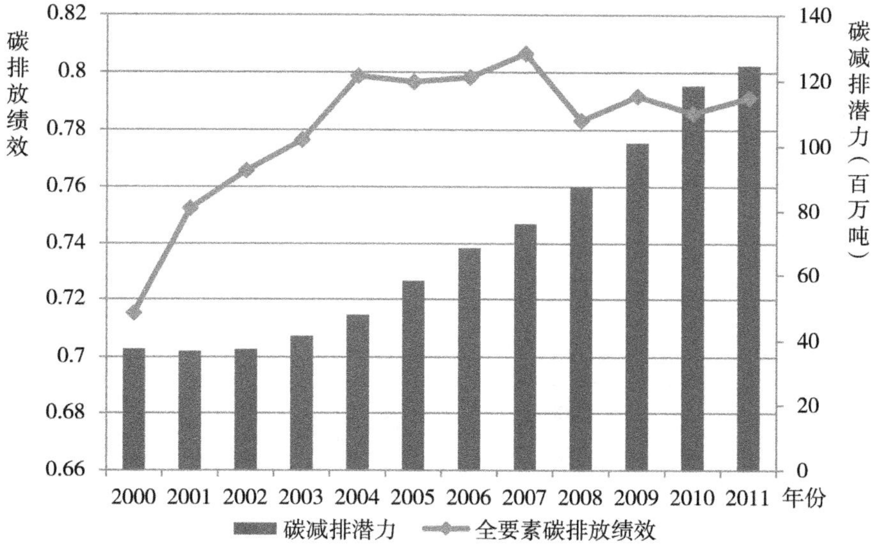

图 9-1　中国钢铁工业全要素碳排放绩效和减排潜力的变动趋势

（二）不同地区碳排放绩效比较

中国不同地区的钢铁工业发展水平有所不同。为了更加清晰地对中国钢铁工业的碳排放情形进行研究，本章接下来进行了分区域的全要素碳排放绩效分析。根据《中国统计年鉴》，四个地区分别为东北地区、东部地区、中部地区和西部地区。2011 年，东北地区、东部地区、中部地区和西部地区的平均省际碳排放量分别为 23.19 百万吨、26.48 百万吨、18.07 百万吨、11.63 百万吨，反映了不同地区的钢铁工业存在碳排放量的差距。

不同地区的全要素碳排放绩效的估计结果如表 9-4 和图 9-2 所示。从总体上看，东北地区和东部地区的全要素碳排放绩效相对较高，中部地区和西部地区的全要素碳排放绩效相对较低。

表 9-4　**不同地区的全要素碳排放绩效**

绩效值	2000 年	2002 年	2005 年	2007 年	2009 年	2010 年	2011 年	平均
东北地区	0.804	0.824	0.853	0.834	0.801	0.802	0.844	0.828
东部地区	0.785	0.823	0.839	0.816	0.785	0.784	0.810	0.808
中部地区	0.725	0.815	0.833	0.821	0.831	0.800	0.791	0.807
西部地区	0.619	0.668	0.720	0.782	0.771	0.775	0.759	0.725

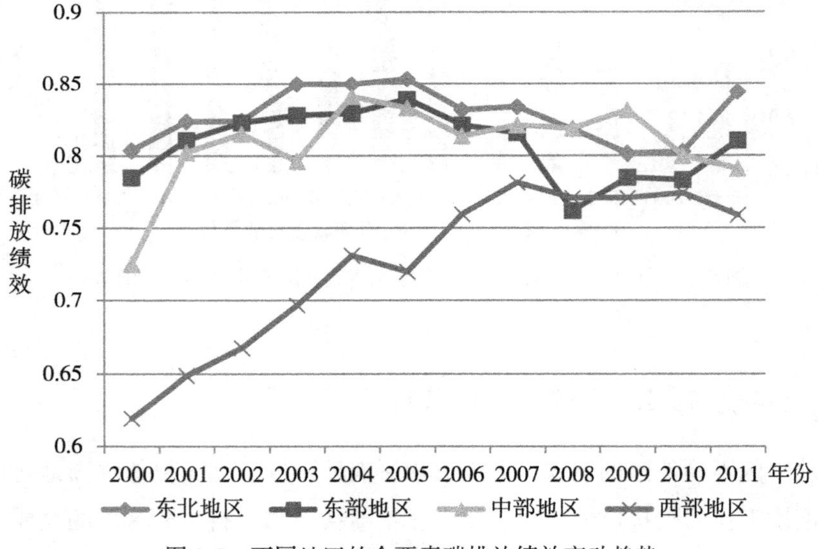

图 9-2　不同地区的全要素碳排放绩效变动趋势

在研究区间内，东北地区的平均全要素碳排放绩效值最高（0.828）。在中华人民共和国成立后，东北地区的老工业基地是建立在钢铁工业基础上的，东北三省钢铁工业产量超过全国产量的四分之一。在“十五”期间，东北地区的全要素碳排放绩效保持了上升趋势，反映了国家对老工业基地的政策支持和大量节能减排技术的应用。然而，到了“十一五”时期，东北地区的全要素碳排放绩效有所下降，到2011年基本上回到“十五”末年的水平。我们同样发现，“十一五”期间东部地区的全要素碳排放绩效也出现了类似的波动。比较而言，东北和东部地区的钢铁工业相对比较成熟，技术水平较高，但是这些地区的钢铁工业仍存在结构上的缺陷，大多数企业是国有企业。在东部地区，平均的国有钢铁企业工人数占到全行业的41.3%。和私营企业相比，国有企业政策负担重，但同时更容易获得国家政策支持和财政补贴。因此，缺乏预算约束和有效激励成果是国有企业低效率的主要原因（何晓萍，2011）。

在研究区间内，中部和西部地区表现出相对较低的全要素碳排放绩效。在不同年份之间，中部地区的全要素碳排放比较稳定，基本保持在0.8的水平上。然而，西部地区的全要素碳排放绩效经历了大幅度的上升，从2000年的0.619一直上升，到2007年达到峰值0.782，随后经历了小幅度的下降，在2011年回到了0.759。近年来，受到西部大开发政策的支持，中国西部地区的钢铁工业碳排放情形得到改善。对于钢铁工业，支持的方向包括技术进步和升级，产业重组和节能减排设备投入。在2011年的“十二五”发展规划中，还特别指出了对西部地区经济发展的进一步支持。在未来，西部地区的城市化建设、交通运输发展和其他基础设施建设都需要钢铁工业的支持，为当地钢铁工业的进一步节能减排提供机遇。

（三）不同地区减排潜力比较

从公式（9-3）可以看出，历史减排潜力受两个因素影响，一是全要素碳排放效率，二是各省实际碳排放量。过多的碳排放能够在投入和产出不变的条件下通过向技术前沿推进实现减排（Wang等，2013）。为了进一步分析不同地区的减排潜力，本章估算了不同地区的总历史减排潜力和实际碳排放量，结果如图9-3和图9-4所示。从图9-3中可以看出，在2000—2011年，东部地区的总减排潜力最大，同时表现出显著的上升趋势，从2000年的13.39百万吨上涨到2011年的58.33百万吨。值得关注的是，东部实际碳排放和目标碳排放的差距从 2004 年开始快速加大。如上文所说，东部地区的全要素碳排放效率相对较高，因此，高减排潜力应该由高实际碳排放量引起（如图 9-4）。该现象的原因在于“十五”期间东部地区钢铁工业的快速发展，许多钢铁企业仅仅关注扩大生产规模，选择低效高污染的发展模式。“十一五”期间东部地区的全要素碳排放效率有所回落，更进一步提高了“十一五”期间的减排潜力。因此，东部地区的碳减排需要加大政策力度，促进新技术的应用和碳排放管理。

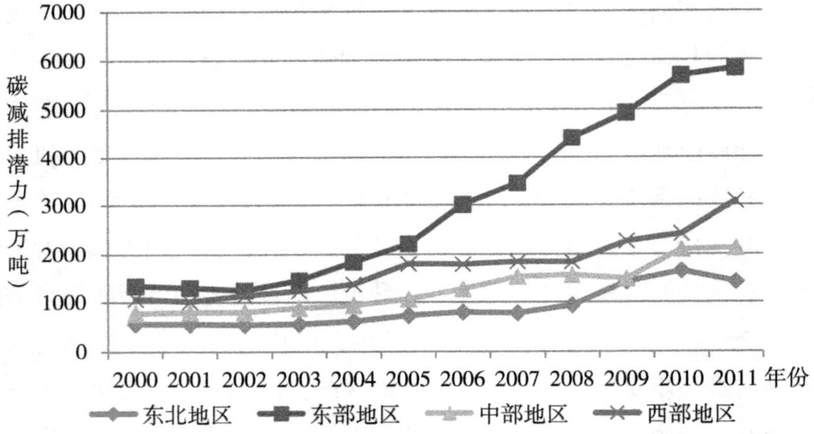

图 9-3　不同地区减排潜力的变动趋势

西部地区的减排潜力在四个地区中排名第二，同时也表现出上升趋势，从 2000 年的 10. 73 百万吨上升到 2011 年的 30. 81 百万吨。然而，西部地区的实际碳排放相比较低，和东部地区不同，西部地区的高减排潜力归因为低全要素排放绩效。西部地区的减排潜力可以通过提高排放效率，向前沿水平靠近来实现。因此，西部地区碳减排的本质是要不断地促进西部地区经济发展，减少效率损失。

中部地区的减排潜力和实际碳排放量都处于中间水平，减排潜力从 2000 年的 7. 79 百万吨上升到 2011 年的 21. 3 百万吨。对于东部地区，

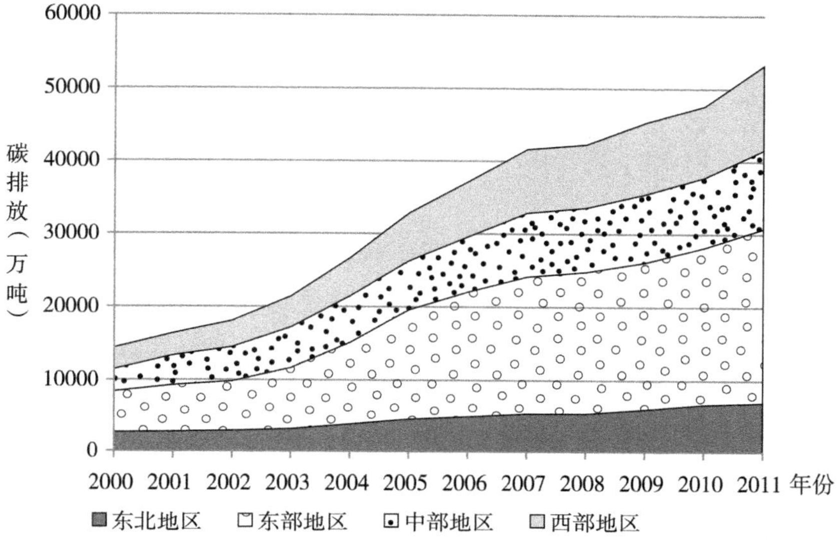

图 9-4 不同地区实际碳排放的变动趋势

由于全要素碳排放绩效在所有地区中最高，同时实际碳排放量相对较小，因此减排潜力排在最后。综上所述，我们发现东部和西部地区都具有较大的减排潜力。

五、本章小结

基于前沿的效率损失定义，本章利用随机前沿方法估计了 2000—2011 年各省区的钢铁工业全要素碳排放绩效。基于超越对数生产函数的实证分析得到以下四点主要结论：（1）在 2000—2011 年，中国钢铁工业的平均全要素碳排放绩效为 0.780，12 年累计碳减排潜力为 835.32 百万吨，年均碳减排潜力为 69.61 百万吨。（2）从总体上看，钢铁工业全要素碳排放绩效表现出波动上升的趋势，从 2000 年的 0.715 上升到 2011 年的 0.791，上涨了 10.63%。（3）从地区角度分析，东北和东部地区的全要素碳排放绩效相对较高，中部和西部地区的全要素碳排放绩效相对较低。（4）由于减排潜力同时受全要素碳排放绩效和实际排放量的影响，东部和西部地区都具有较大的减排潜力，特别对于东部地区，虽然全要素碳排放绩效相对较高，但仍然具有一定的减排潜力。

基于以上结论，对于中国不同地区的钢铁工业，我们提出以下节能减排的政策建议：

首先，对于东部地区，为了实现节能减排，政府的管制政策和钢铁企业的碳排放管理都不可或缺。同时，钢铁企业之间还需要加强在碳减排问题上的合作（Zhang 和 Wang，2014）。东部沿海地区的钢铁企业发展比较成熟，生产技术基本处于前沿水平，但是这些企业仍然具有其制度缺陷。通过所有制改革打破国有垄断有利于企业的节能减排实践。近年来，中国许多东部大城市的雾霾现象越来越引起人们的广泛关注，政府也更加注重能源密集型行业的排放问题。2013 年 9 月 10 日，国务院出台了新的大气污染防治计划，将在未来 5 年内减少东部地区的煤炭消费，提高东部地区的空气质量。同时，能源密集型工业的地区布局需要进一步调整，未来的方向是将能源密集型工业向环境成本较低的西部地区转移。更进一步的，碳减排还需要工业企业改善管理方法和手段，应该在国内广泛推广发达国家的工业企业流行的合同能源管理方法，促进企业节能减排。

其次，对于西部地区，由于碳排放的效率损失较大，政策的目标应该放在进一步转换生产模式和降低效率损失上面。近年来，中央政府已经在扶持西部地区的钢铁工业发展上做出了一定努力，新建钢铁企业基本具备了先进生产技术。然而，西部地区仍然存在落后产能需要更新的问题。更进一步的，目前的中国钢铁工业发展建立在对煤炭资源强大依赖的基础上，如果未来继续依靠煤炭资源发展，将不可避免地进一步带来碳排放等环境问题。然而西部地区的清洁能源资源储量丰富，在西部地区钢铁工业进一步发展过程中，能源替代将是碳减少的另一有效手段。利用清洁的水电、太阳能和核电等能源代替煤炭进行工业生产，能够大大减少二氧化碳排放。

最后，对于所有地区的钢铁工业，节能减排工作都需要加强对技术的革新和低碳投资的重视。同时，技术革新要和淘汰落后产能、企业兼并重组、调整地区布局等政策联合考虑，实现钢铁工业整体的节能减排。

第十章　总　　结

一、全文总结

钢铁工业作为重要的能源密集型工业，改革开放以来经历了产出的高速增长，同时伴随着能源的过度利用和相关环境问题。因此，本书研究的主要问题是在产出增长条件下的能源节约和碳减排问题。本书运用协整技术、蒙特卡洛模拟方法、参数化的随机前沿方法、指数分解法、似不相关回归分析和极大似然估计方法，建立了钢铁工业的生产函数和成本函数模型对能源和碳排放问题的深入研究。主要研究结论如下：

第一，中国钢铁工业的节能潜力巨大。根据1985—2010年中国钢铁工业的年度数据进行实证分析，在能源强度变动的适度情景和高度情景下，2020年中国钢铁工业的能源需求量估计为789.12百万吨标准煤和553.75百万吨标准煤，假设从基准情景转变为适度情景和高度情景，将会带来344.05百万吨标准煤和579.43百万吨标准煤的能源节约。钢铁工业能源强度变动受劳动生产率、研发强度、产业集中度和能源价格等因素的影响。其中，劳动生产率对能源强度的贡献最大（系数值为-0.689）。研发强度和产业集中度也是中国钢铁工业节能的重要影响因素（系数分别为-0.187和-0.23）。虽然能源价格的弹性系数较小（-0.07），但能源价格对钢铁工业节能的影响不容忽视。

第二，中国钢铁工业的能源效率具有地区不均衡性。本书将全要素能源效率定义为前沿技术水平下的有效能源投入与实际投入之比，进而将技术节能潜力定义为在现有前沿技术条件和保证既定产出的前提下通过消除技术非效率可节约的能源投入。基于超越对数生产函数模型的实证分析表明：（1）在研究区间内，虽然各省区能源效率不同，平均而言中国钢铁工业的全要素能源效率为0.699，累计技术节能潜力达723.44百万吨标准煤。（2）总体而言，中国钢铁工业的全要素能源效率处于波动上升的状态，从2005年的0.608上升到2011年的0.721，上涨了10.7%。（3）在非效率因素中，行业集中度水平提高是能源效率提高的重要促进因素；但国有企业比重过高成为能源效率提高的重要阻碍因素。（4）从省份差异来看，山西、山东、江西、安徽、天津、河南和广西是能源节约的重点省份。（5）从地区差异看，东北地区的能源效率较高，中部和西部地区能源效率较低，中西部地区具有较大的节能潜力。

第三，中国钢铁工业存在能源替代效应。本书基于技术进步非中性的超越对数成本函数估计了中国钢铁工业的长期能源与资本和劳动力投入要素的替代效应，以及各能源品种间的替代效应。结果表明资本和能源、劳动和能源之间都存在替代关系。然而比较而言，能源和劳动交叉价格弹性的系数值较小，表明在钢铁行业能源和劳动的替代关系较弱。当政府放松能源价格管制，能源价格出现上涨，钢铁企业会逐渐减少能源的使用，增加对节能资本的投入，实现资本对能源的有效替代，但是能源价格变动对劳动的替代效应并不明显。煤炭、油类和电力三类能源品种之间的弹性系数大部分为正，表明能源品种之间存在两两替代关系。煤炭和电力是钢铁工业的最主要能源品种。本书的估计结果意味着中国钢铁工业具有从煤炭向电力替代的潜力。然而，除了煤炭对石油，电力对石油以外，大多数弹性系数值偏小，反映了中国钢铁工业的能源品种间的替代效应较小。最后，从生产要素投入和产出角度的分解分析进一步表明技术进步是中国钢铁工业能源效率提高的最主要因素。

第四，不同时期的碳排放的变动具有共同特征。从1985年到2010年，中国钢铁工业能源相关碳排放由292.16百万吨上涨到1963百万吨，年均增长率为7.5%。但从五年计划角度分析，研究区间内共五个五年时期的二氧化碳排放年增长率却呈现波动变化的趋势，因此本书对不同时期的特点进行了分析。应用对数平均迪氏指数方法的因素分解分析表明，碳系数效应、能源结构效应、能源强度效应、经济活动效应和产业规模效应都对能源相关碳排放变动产生影响。在五个影响因素中，经济活动效应、能源强度效应和产业规模效应是中国钢铁行业能源相关碳排放量变动的最主要因素。经济活动效应和产业规模效应对碳排放水平的提高作出了贡献。能源强度效应是碳排放减少的主要因素。能源结构效应也在一定程度上缓和了该行业的二氧化碳排放。

第五，中国钢铁工业的具有相当的二氧化碳减排潜力。在碳排放的基准情景、适度情景和高度情景下，本书的实证结果表明中国钢铁工业碳强度将从 2010 年的每百元增加值 0.662 吨碳排放分别下降到 2020 年的 0.369 吨、0.288 吨和 0.241 吨。在适度碳减排情景和高度碳减排情景下，2020 年的碳减排潜力分别为 541.75 百万吨和 856.68 百万吨。在碳排放减少的影响因素中，能源替代效应是碳减排的最主要影响因素（估计系数为-0.677）；劳动生产率提高和技术进步也是碳强度下降的重要因素；能源价格因素对碳强度影响也比较微弱，进一步反映了中国能源价格体制存在的问题。

第六，中国钢铁工业的碳排放绩效表现出波动上升趋势。基于省际面板数据的实证分析结果表明中国钢铁工业的平均全要素碳排放绩效为 0.780，同时从总体上看，表现出波动上升的趋势。从地区角度分析，东北和东部地区的全要素碳排放绩效相对较高，中部和西部地区的全要素碳排放绩效相对较低。由于技术减排潜力同时受全要素碳排放绩效和实际排放量的影响，东部和西部地区都具有较大的减排潜力，特别对于东部地区，虽然全要素碳排放绩效相对较高，但仍然具有一定的减排潜力。

二、政策建议

推进能源技术革命，提高行业节能减排技术水平。钢铁工业的技术更新是节能减排的基础。根据《钢铁工业“十二五”发展规划》的要求和《国家重点节能技术推广目录》的指导，要进一步加强钢铁工业的节能减排投资。此外，还要通过提高工人对新技术的应用能力、不断培育知识型工人等手段来进一步促进先进节能减排技术的推广使用。

加快产业结构调整和经济体制改革。中国钢铁工业的产业集中程度和所有制结构都会影响到能源效率的提高。首先，坚定不移地推进淘汰落后产能政策，控制新增产能，加快行业结构调整进程。该政策对能源效率较低的中部和西部省份尤为重要。其次，促进行业内钢铁企业的兼并重组，同时重组后的企业要将节能减排作为可持续发展的重要目标，在节能的基础上实现企业的成本节约。最后，进一步促进推进所有制改革打破国有垄断，使能源成为企业必须面临的硬约束，进一步节约能源投入。

改变钢铁工业区域布局，提高整体能效水平。近年来，中央政府已经在扶植西部地区的钢铁工业发展上做出了一定的努力，新建钢铁企业基本具备了先进生产技术。然而，总体上讲西部地区能效水平较低，促进西部地区钢铁工业能效提高成为工作的重点。更进一步的，目前的中国钢铁工业发展建立在对煤炭资源强大依赖的基础上，如果未来继续依靠煤炭资源发展，将不可避免地进一步带来碳排放等环境问题。然而西部地区的清洁能源资源储量丰富，在中国钢铁工业进一步发展过程中，进一步调整地区布局，将能源密集型工业向环境成本较低的西部地区转移将是节能减排的另一有效手段。利用清洁的水电、太阳能和核电等能源代替煤炭进行工业生产，能够大大降低二氧化碳排放总量。

促进钢铁工业生产工艺升级，提高清洁能源比例。目前流行的钢铁工业生产流程分为高炉/转炉流程和电炉流程，同时电炉流程的能源消费量大大低于高炉/转炉流程，因此电炉炼钢成为了发达国家钢铁工业主要发展的生产工艺。对于中国而言，转变钢铁生产方式，提高电炉炼钢比例，有利于降低钢铁工业整体能源消费水平，提高更加清洁的电力（和煤炭相比）在能源消费中的比重，降低总体碳排放水平。

进一步推动能源价格市场化改革进程，提高价格信号的直接作用。中国能源产品价格长期受到政府控制，能源市场化改革进程缓慢。政府控制的能源产品市场阻碍了生产要素和能源品种间的价格机制传递作用，进一步阻碍了其他生产要素对能源的替代和清洁能源对化石能源的替代。因此，抓住机遇，加快能源价格市场化改革进程有利于工业企业的节能减排实践。

最后，钢铁工业的节能减排也要和其他行业联合起来，与其他行业形成产业链，发展循环经济。同时，还需要学习国外先进的节能减排管理方法，如合同能源管理，合理分配能源资源。钢铁工业节能减排是一项综合性工作，需要在国家具体政策方针指导下，将节能减排的各项技术和方法综合运用到工业企业的生产实践中去。

参考文献

［1］英国贸工部．未来能源——创建低碳经济［EB/OL］．http：//webarchive. nationalarchives. gov. uk/20040722160711/http：//dti. gov. uk/energy/whitepaper/wpsumm_chinese. pdf.

［2］中国工业和信息化部．钢铁工业十二五发展规划［EB/OL］．http：//www. miit. gov. cn/n11293472/n11293832/n11293907/n11368223/14303771. html.

［3］国务院．节能减排“十二五”规划［EB/OL］．http：//www. gov. cn/gongbao/content/2012/content_2217291. htm.

［4］科学技术部．“十二五”国家应对气候变化科技发展专项规划［EB/OL］．http：//www. most. gov. cn/kjbgz/201207/t20120713_95582. htm.

［5］国务院．关于印发“十二五”控制温室气体排放工作方案的通知［EB/OL］．http：//www. gov. cn/zwgk/2012-01/13/content_2043645. htm.

［6］徐匡迪．低碳经济与钢铁工业［J］．钢铁，2010，37（4）：1-12.

［7］CEIC 中国数据库［EB/OL］．http：//ceicdata. securities. com/cdmWeb/

［8］史丹，吴利学，傅晓霞，吴滨．中国能源效率地区差异及其成因研究［J］．管理世界，2008（2）：35-43.

［9］何晓萍．中国工业的节能潜力及影响因素［J］．金融研究，2011（10）：34-46.

［10］史红亮，陈凯．我国钢铁行业全要素能源效率实证分析——基于

省际面板数据［J］. 经济问题，2011（9）：86-90.

［11］韩一杰，刘秀丽．基于超效率 DEA 模型的中国各地区钢铁行业能源效率及节能减排潜力分析［J］. 系统科学与数学，2011，31（3）：287-298.

［12］张庆芝，何枫，赵晓．基于超效率 DEA 的我国钢铁产业能源效率研究［J］. 软科学，2012，26（2）：65-68.

［13］上海市经济和信息化委员会．上海产业能效指南［EB/OL］. http：//www. sheitc. gov. cn/cynxzn/653848. htm.

［14］国家统计局能源统计司．中国能源统计年鉴［M］. 北京：中国统计出版社.

［15］贺菊煌．我国资产的估算［J］. 数量经济技术经济研究，1992（8）：24-27.

［16］任若恩，刘晓生．关于中国资本存量估计的一些问题［J］. 数量经济技术经济研究，1997（1）：19-24.

［17］张军，章元．对中国资本存量 K 的再估计［J］. 经济研究，2003（7）：35-43

［18］张军，吴桂英，张吉鹏．中国省际物质资本存量估计：1952—2000［J］. 经济研究，2004（10）：35-44.

［19］王玲．中国工业行业资本存量的测度［J］. 世界经济统计研究，2004（1）：16-25.

［20］单豪杰．中国资本存量 K 的再估算：1952—2006 年［J］. 数量经济技术经济研究，2008（10）：17-31.

［21］工业和信息化部，财政部，国家发展和改革委员会等．关于加快推进重点行业企业兼并重组的指导意见［EB/OL］. http：//www. gov. cn/zwgk/2013-01/22/content_2317600. htm.

［22］周勇，林源源．技术进步对能源消费回报效应的估算［J］. 经济学家，2007（2）：45-52.

［23］刘源远，刘凤朝．基于技术进步的中国能源消费反弹效应——使用省际面板数据的实证检验［J］. 资源科学，2008（9）：1301-

1306.

［24］王群伟，周德群．能源反弹效应测算的改进模型及其实证研究［J］．管理学报，2008（5）：688-691.

［25］国涓，郭崇慧，凌煜．中国工业部门能源反弹效应研究［J］．数量经济技术经济研究，2010，11：114-126.

［26］黄光晓，林伯强．中国工业部门资本能源替代问题研究［J］．金融研究，2011（6）：86-96.

［27］董会忠，闫秀霞，陶建格．中国钢铁工业能源—资本—劳动替代关系研究［J］．科研管理，2012，33（8）：120-126.

［28］冯素玲．上市公司违规处罚信息市场反应研究［M］．济南：山东人民出版社，2014.

［29］郦秀萍，张春霞，周继程，上官方钦，干磊，樊波，陈丽云．钢铁行业发展面临的挑战及节能减排技术应用［J］．电力需求侧管理，2011，13（3）：4-9.

［30］工业和信息化部关于钢铁工业节能减排的指导意见［EB/OL］．http：//www. miit. gov. cn/n11293472/n11295091/n11299329/13191857.html.

［31］徐国泉，刘则渊，姜照华．中国碳排放的因素分解模型及实证分析：1995—2004［J］．中国人口资源与环境，2006，16（6）：158-161.

［32］王锋，吴丽华，杨超．中国经济发展中碳排放增长的驱动因素研究［J］．经济研究，2010（2）：123-136.

［33］上官方钦，张春霞，胡长庆，郦秀萍，周继程．中国钢铁工业的 CO_2 排放估算［J］．中国冶金，2010，20（5）：37-42.

［34］王克，王灿，吕学都，陈吉宁．基于 LEAP 的中国钢铁行业 CO_2 减排潜力分析［J］．清华大学学报（自然科学版），2006，46（12）：1982-1986.

［35］徐文青，李寅蛟，朱廷钰，曹万杰．中国钢铁工业 CO_2 排放现状与减排展望［J］．过程工程学报，2013，13（1）：175-180.

[36] 张春霞，上官方钦，郦秀萍，Lynn P，Nathaniel A，Ali H. 中美钢铁工业能效对标研究 [J]. 钢铁，2013，48（1）：87-92.

[37] 杜克锐，邹楚沅．我国碳排放效率地区差异、影响因素及收敛性分析——基于随机前沿模型和面板单位根的实证研究 [J]. 浙江社会科学，2011，(11)：32-43.

[38] Word Steel Association. Steel statistical yearbook [EB/OL]. http://www.worldsteel.org/publications/bookshop? bookID = a1e33a45-761b-45d8-8d54-73df95cde3bf.

[39] BP. Statistical review of world energy full report [EB/OL]. http://www.bp.com/statisticalreview.

[40] IEA. CO_2 Emissions from Fuel Combustion Highlights（2012 Edition）[EB/OL]. http://www.iea.org/co2highlights/co2highlights.pdf.

[41] Ratna C，Bhaktavatsalam A K. Energy inefficiency of indian steel industry-scope for energy conservation [J]. Energy Conversion and Management，1997，38（2）：167-171.

[42] Ernst W，Lynn P，Nathan M. Energy efficiency and carbon dioxide emissions reduction opportunities in the US iron and steel sector [J]. Energy，2001，26：513-536.

[43] Yu Q B，Lu Z，Cai J J. Calculating method for influence of material flow on energy consumption in steel manufacturing process [J]. Journal of Iron and Steel Research，2007，14（2）：46-51.

[44] Zhang J L，Wang G S. Energy saving technologies and productive efficiency in the Chinese iron and steel sector [J]. Energy，2008，33（4）：525-537.

[45] Li L，Lu Y L，Shi Y J，Wang T Y，Luo W，Jorrit G，Chen P，Li H Q. Integrated technology selection for energy conservation and PAHs control in iron and steel industry：Methodology and case study [J]. Energy Policy，2013，54：194-203.

[46] Wen Z G，Meng F X，Chen M. Estimates of the potential for energy

conservation and CO_2 emissions mitigation based on Asian-Pacific Integrated Model (AIM): The case of iron and steel industry in China [J]. Journal of Cleaner Production, 2014, 65: 120-130.

[47] Meier A, Rosenfe A H. Supply curves of conserved energy for California's residential sector [J]. Energy, 1982, 7: 347-358.

[48] Worrell E, Martin N, Price L. Potentials for energy efficiency improvement in the US cement industry [J]. Energy, 2000, 25: 1189-1214.

[49] Hasanbeigi A, Price L, Lu L Y, Wang L. Analysis of energy-efficiency opportunities for the cement industry in Shandong Province, China: A case study of 16 cement plants [J]. Energy, 2010, 35 (8): 3461-3473.

[50] Ali H, William M, Jayant S, Eric M, Xu T F. A bottom-up model to estimate the energy efficiency improvement and CO_2 emission reduction potentials in the Chinese iron and steel industry [J]. Energy, 2013, 50: 315-325.

[51] Atakhanova Z, Howie P. Electricitydemand in Kazakhstan [J]. Energy Policy, 2007, 35 (7): 3729-3743.

[52] Yuan C Q, Liu S F, Wu J L. Research on energy-saving effect of technological progress based on Cobb - Douglas production function [J]. Energy Policy, 2009, 37: 2842-2846.

[53] Lin B Q, Mohamed M. Estimation of energy saving potential in China's paper industry [J]. Energy, 2014, 65: 182-189.

[54] Lin B Q, Wu Y, Zhang L. Estimates of the potential for energy conservation in the Chinese steel industry [J]. Energy Policy, 2011, 39: 3680-3689.

[55] Engle R F, Granger C W J. Cointegration and error correction: representation, estimation and testing [J]. Econometrica, 1987, 55: 251-276.

[56] Dickey D A, Fuller W A. Distribution of the estimators for autoregressive time series with a unit root [J]. Journal of the American Statistical Association, 1979, 74: 427-431.

[57] Phillips P C B, Perron P. Testing for a unit root in time series regression [J]. Biometrica, 1988, 75 (2): 335-346.

[58] Kwiatkowski D, Phillips P C B, Schmidt P, Shin Y. Testing the null hypothesis of stationarity against the alternative of a unit root: how sure are we that economic time series have a unit root [J]. Journal of Econometrics, 1992, 54: 159-178.

[59] Sabuhoro J B, Larue B. The Market efficiency hypothesis: The case of coffee and cocoa futures [J]. Agricultural Economics, 1997, 16: 171-184.

[60] Patterson M G. What is energy efficiency? Concepts, indicators and methodological issues [J]. Energy Policy, 1996, 24 (5): 377-390.

[61] Georg M F, Gunter S. Integrated assessment of global climate change with learning-by-doing and energy-related research and development [J]. Energy Policy, 2007, 35 (11): 5298-5309.

[62] IEA. Tracking Industrial Energy Efficiency and CO_2 Emissions [EB/OL]. http: //www. iea. org/Textbase/npsum/tracking2007SUM. pdf.

[63] Ma J L, Evans D G, Fuller R J, Stewart D F. Technical efficiency and productivity change of China's iron and steel industry [J]. International Journal of Production Economics, 2002, 76: 293-312.

[64] OECD. Measuring productivity-OECD Manuel: measurement of aggregate and industry-level productivity growth [EB/OL]. http: //www. oecd. org/std/productivity-stats/2352458. pdf.

[65] Boyd G A, Pang J X. Estimating the linkage between energy efficiency and productivity [J]. Energy Policy, 2000, 28: 289-296.

[66] Mukherjee K. Energy use efficiency in the Indian manufacturing sector: An interstate analysis [J]. Energy Policy, 2008, 36: 662-672.

[67] Worrell E, Laitner J A, Ruth M, Finman H. Productivity benefits of industrial energy efficiency measures [J]. Energy, 2003, 28: 1081-1098.

[68] Chen M S, Gu Y L. The mechanism and measures of adjustment of industrial organization structure: The perspective of energy saving and emission reduction [J]. Energy Procedia, 2011, 5: 2562-2567.

[69] Cai W J, Wang C, Liu W L, Mao Z W, Yu H C, Chen J N. Sectoral analysis for international technology development and transfer: Cases of coal-fired power generation, cement and aluminium in China [J]. Energy Policy, 2009, 37: 2283-2291.

[70] Wang K, Wang C, Lu X D, Chen J N. Scenario analysis on CO_2 emissions reduction potential in China's iron and steel industry [J]. Energy Policy, 2007, 35: 2320-2335.

[71] Guo Z C, Fu Z X. Current situation of energy consumption and measures taken for energy saving in the iron and steel industry in China [J]. Energy, 2010, 35: 4356-6430.

[72] Kaufmann R K. A biophysical analysis of the energy/real gdp ratio: Implications for substitution and technical change [J]. Ecological Economics, 1992, 6 (1): 35-56.

[73] Hang L, Tu M Z. The impacts of energy prices on energy intensity: Evidence from China [J]. Energy Policy, 2007, 35: 2978-2988.

[74] Belloumi M. Energy consumption and GDP in Tunisia: cointegration and causality analysis [J]. Energy Policy, 2009, 37 (7): 2745-2753.

[75] MacKinnon J G, Haug A A, Michelis L. Numerical distribution functions of likelihood ratio tests for cointegration [J]. Journal of Applied Econometrics, 1999, 14: 563-577.

[76] Hendry D F, Juselius K. Explaining cointegration analysis: part II [J]. Energy Journal, 2001, 22 (1): 75-120.

[77] Jiang Z J, Lin B Q. China's Energy demand and its characteristics in

the industrialization and urbanization process [J]. Energy Policy, 2012, 49: 608-615.

[78] Bosseboeuf D, Chateau B, Lapillone B. Cross-country comparison on energy efficiency indicators: The on-going European effort towards a common methodology [J]. Energy Policy, 1997, 25 (9): 673-682.

[79] Hu J L, Wang S C. Total-factor energy efficiency of regions in china [J]. Energy Policy, 2006, 34: 3206-3217.

[80] Azadeh M S, Amalnick S F, Ghaderi S M, Asadzadeh. An integrated DEA PCA numerical taxonomy approach for energy efficiency assessment and consumption optimization in energy intensive manufacturing sectors [J]. Energy Policy, 2007, 35 (7): 3792-3806.

[81] Shi G M, Bi J, Wang J N. Chinese regional industrial energy efficiency evaluation based on a DEA model of fixing non-energy inputs [J]. Energy Policy, 2010, 38 (10): 6172-6179.

[82] Hernández-Sancho F, Molinos-Senante M, Sala-Garrido R. Energy efficiency in Spanish wastewater treatment plants: A non-radial DEA approach [J]. Science of the Total Environment, 2011, 409 (14): 2693-2699.

[83] Olanrewaju O A, Jimoh A A, Kholopane P A. Integrated IDA-ANN-DEA for assessment and optimization of energy consumption in industrial sectors [J]. Energy, 2012, 46 (1): 629-635.

[84] Toshiyuki S, Mika G. Efficiency-based rank assessment for electric power industry: A combined use of Data Envelopment Analysis (DEA) and DEA-Discriminant Analysis (DA) [J]. Energy Economics, 2012, 34 (3): 634-644.

[85] Benyamin K, Shahin R, Mahmoud O, Hossein M. Reduction of CO_2 emission by improving energy use efficiency of greenhouse cucumber production using DEA approach [J]. Energy, 2013, 55: 676-682.

[86] Chang Y, Ning Z, Denise D, Zhang N. Environmental efficiency analysis of transportation system in China: A non-radial DEA approach [J]. Energy Policy, 2013, 58: 277-283.

[87] Zhou P, Ang B W, Zhou D Q. Measuring economy-wide energy efficiency performance: A parametric frontier approach [J]. Applied Energy, 2012, 90 (1): 196-200.

[88] Lin B Q, Du K R. Technology gap and China's regional energy efficiency: A parametric metafrontier approach [J]. Energy Economics, 2013, 40: 529-536.

[89] Maria L, Juan F F, Jose M H. Global warming and the energy efficiency of Spanish industry [J]. Energy Economics, 2002, 24 (4): 405-423.

[90] Buck J, Young D. The potential for energy efficiency gains in the Canadian commercial building sector: A stochastic frontier study [J]. Energy, 2007, 32 (9): 1769-1780.

[91] Boyd G A. Estimating plant level energy efficiency with a stochastic frontier [J]. The Energy Journal, 2008, 29: 23-43.

[92] Boyd G A, Dutrow E, Tunnessen W. The evolution of the ENERGY STAR © energy performance indicator for benchmarking industrial plant manufacturing energy use [J]. Journal of Cleaner Production, 2008, 16 (6): 709-715.

[93] Alfonso A, Germán F M D, Mainar-Toledo, Sabina S. Energy consumption analysis of Spanish food and drink, textile, chemical and non-metallic mineral products sectors [J]. Energy, 2012, 42 (1): 477-485.

[94] Massimo F, Lester C H. US residential energy demand and energy efficiency: A stochastic demand frontier approach [J]. Energy Economics, 2012, 34 (5): 1484-1491.

[95] Lin B Q, Yang L S. The potential estimation and factor analysis of

China's energy conservation on thermal power industry [J]. Energy Policy, 2013, 62: 354-362.

[96] Gale A B. Estimating the Linkage between Energy Efficiency and Productivity [J]. Energy Policy, 2000, 28 (5): 289-296.

[97] Lin B Q, Wang XL. Exploring energy efficiency in China's iron and steel industry: A stochastic frontier approach [J]. Energy Policy, 2014, 72: 87-96.

[98] Debreu G. The coefficient of resource utilization [J]. Econometrica, 1951, 22: 14-22.

[99] Farrell M J. The Measurement of productive efficiency [J]. Journal of the Royal Statistical Society Series A, 1957, 120: 253-281.

[100] Kumbhakar S C. Estimation and decomposition of productivity change when production is not efficient: A panel data approach [J]. Econometric Reviews, 2000, 19 (4): 425-460.

[101] Coellia, Perelman. A comparison of parametric and non-parametric distance functions: With application to European railways [J]. European Journal of Operational Research, 1999, 117 (2): 326-339.

[102] Aigner D, Lovell CA K, Peter S. Formulation and estimation of stochastic frontier production function models [J]. Journal of Econometrics, 1977, 6 (1): 53-66.

[103] Battese G E, Coelli T J. A model for technical inefficiency effects in a stochastic frontier production function for panel data [J]. Empirical Econometrics, 1995, 20 (2): 325-332.

[104] Chow G C. Capital Formation and Economic Growth in China [J]. Quarterly Journal of Economic, 1993 (8): 809-842.

[105] Goldsmith R W. Part I, A perpetual inventory of national wealth [J]. Studies in Income and Wealth, 1951, 14: 5-74.

[106] Napp T A, Gambhir A, Hills T P, Florin N, Fennell PS. A review

of the technologies, economics and policy instruments for decarbonising energy-intensive manufacturing industries [J]. Renewable and Sustainable Energy Reviews, 2014, 30: 616-640.

[107] Khazzoom J D. Energy saving resulting from the adoption of more efficient appliances [J]. Energy Journal, 1987, 8 (4): 85-89.

[108] Grubb M J. Communication energy efficiency and economic fallacies [J]. Energy Policy, 1990, 18 (8): 783-785.

[109] Wirl F. The Economics of Conservation Programs [M]. Kluwer Academic Publishers, 1997.

[110] Greening L A, Greene D L, Difiglio C. Energy efficiency and consumption-the rebound effect -a survey [J]. Energy Policy, 2000, 28 (6): 389-401.

[111] Roy J. The rebound effect: some empirical evidence from India [J]. Energy Policy, 2000, 28 (6): 433-438.

[112] Birol F, Keppler J H. Price, technology development and the rebound effect [J]. Energy Policy, 2000 (28) : 437-469.

[113] Mathias Binswanger. Technological progress and sustainable development: what about the rebound effect [J]. Ecological Economics, 2001 (36) : 119-132.

[114] Berkhout P H G. Defining the rebound effect [J] . Energy Policy, 2000 (28): 425-432.

[115] Semboja. The Effects of Energy Taxes on the Kenyan Economy: A CGE Analysis [J]. Energy Economics, 1994 (3) : 205-215.

[116] Bentzen J. Estimating the Rebound Effect in US Manufacturing Energy Consumption [J]. Energy Economics, 2004 (1) : 123-134.

[117] Hens H, Parijs W, Deurinck M. Energy consumption for heating and rebound effects [J]. Energy and Buildings, 2010, 42 (1): 105-110.

[118] Ghosh N K, Blackhurst M F. Energy savings and the rebound effect

with multiple energy services and efficiency correlation [J]. Ecological Economics, 2014, 105: 55-66.

[119] Yu X, Moreno-Cruz J, Crittenden J C. Regional energy rebound effect: The impact of economy-wide and sector level energy efficiency improvement in Georgia, USA [J]. Energy Policy, 2015, 87: 250-259.

[120] Freire-Gonzalez J. Evidence of direct and indirect rebound effect in households in EU-27 countries [J]. Energy Policy, 2017, 102: 270-276.

[121] Ouyang J, Long E, Hokao K. Rebound effect in Chinese household energy efficiency and solution for mitigating it [J]. Energy, 2010, 35: 5269-5276.

[122] Lin B Q, Liu X. Dilemma between economic development and energy conservation: Energy rebound effect in China [J]. Energy, 2012, 45: 867-873.

[123] Wang Z H, Lu M L, Wang J C. Direct rebound effect on urban residential electricity use: An empirical study in China [J]. Renewable and Sustainable Energy Reviews, 2014, 30: 124-132.

[124] MacKinnon J G, Haug A A, Michelis L. Numerical distribution functions of likelihood ratio tests for cointegration [J]. Journal of Applied Econometrics, 1999, 14: 563-577.

[125] Lin B Q, Jiang Z J. Estimates of Energy Subsidies in China and Impact of Energy Subsidy Reform [J]. Energy Economics, 2011, 33: 273-283.

[126] Berndt E R, Wood D O. Technology, prices, and the derived demand for energy [J]. Review of Economics and Statistics. 1975, 57: 259-268.

[127] Griffin J M, Gregory P R. An intercountry translog model of energy substitution responses [J]. The American Economic Review, 1976,

66 (5): 845-857.

[128] Medina J, Vega-Cervera J A. Energy and the non-energy inputs substitution: Evidence for Italy, Portugal and Spain [J]. Applied Energy, 2001, 68: 203-214.

[129] Cho W G, Nam K, Pagan J A. Economic growth and interfactor/interfuel substitution in Korea [J]. Energy Economics, 2004, 26: 31-50.

[130] Arnberg S, Bjørner T B. Substitution between energy, capital and labour within industrial companies: A micro panel data analysis [J]. Resource and Energy Economics, 2007, 29 (2): 122-36.

[131] Thompson A. An almost ideal supply system estimate of US energy substitution [J]. Energy Economics, 2013, 40: 813-818.

[132] Haller S A, Hyland M. Capital-energy substitution: Evidence from a panel of Irish manufacturing firms [J]. Energy Economics, 2014, 45: 501-510.

[133] Ma H Y, Oxley L, Gibson J, Kim B. China's energy economy: Technical change, factor demand and interfactor/interfuel substitution [J]. Energy Economics, 2008, 30: 2167-2183.

[134] Smyth R, Narayan P K, Shi H L. Substitution between energy and classical factor inputs in the Chinese steel sector [J]. Applied Energy, 2011, 88 (1): 361-367.

[135] Lin B Q, Presley K W J. Estimates of inter-fuel substitution possibilities in Chinese chemical industry [J]. Energy Economics, 2013, 40: 560-568.

[136] Zha D L, Zhou D Q. The elasticity of substitution and the way of nesting CES production function with emphasis on energy input [J]. Applied Energy, 2014, 130: 793-798.

[137] Berndt E R, Wood D O. Engineering econometric interpretation of energy-capital complementary [J]. The American Economic Review,

1979，69：342-354.

[138] Debertin D L，Pagoulatos A，Aoun A. Impacts of technological change on factor substitution between energy and other inputs within U.S. agriculture 1950-79 [J]. Energy Economics，1990，12：4-10.

[139] Christopoulos D K，Tsionas E G. Allocative inefficiency and the capital-energy controversy [J]. Energy Economics，2002，24：305-318.

[140] Welsch H，Ochsen C. The determinants of aggregate energy use in West Germany：factor substitution，technological change and trade [J]. Energy Economics，2005，27：93-111.

[141] Pindyck RS. Interfuel substitution and the industrial demand for energy：An international comparison [J]. Review of Economics and Statistics，1979，61：169-179.

[142] Ali H，Jiang Z Y，Price L. Retrospective and prospective analysis of the trends of energy use in Chinese iron and steel industry [J]. Journal of Cleaner Production，2014，74：105-118.

[143] Ang B W，Lee S Y. Decomposition of industrial energy consumption：Some methodological and application issues [J]. Energy Economics，1994，16（2）：83-92.

[144] Ang B W，Zhang F Q，Choi K H. Factorizing changes in energy and environmental indicators through decomposition [J]. Energy，1998，23（6）：489-495.

[145] Greening L A，Davis W B，Schipper L. Decomposition of aggregate carbon intensity for the manufacturing sector：Comparison of declining trends from 10 OECD countries for theperiod 1971—1991 [J]. Energy Economics，1998，20（1）：43-65.

[146] Greening L A，Ting M，Davis W B. Decomposition of aggregate carbon intensity for freight：Trends from 10 OECD countries for the period 1971 -1993 [J]. Energy Economics，1999，21（4）：331-

361.

[147] Greening L A, Ting M, Krackler T J. Effects of changes in residential end-uses and behavior on aggregate carbon intensity: Comparison of 10 OECD countries for the period 1970 through 1993 [J]. Energy Economics, 2001, 23 (2): 153-178.

[148] Bhattacharyya S C, Ussanarassamee A. Decomposition of energy and CO_2 intensities of Thai industry between 1981 and 2000 [J]. Energy Economics, 2004, 26 (5): 765-781.

[149] Hatzigeorgiou E, Polatidis H, Haralambopoulos D. CO_2 emissions in Greece for 1990-2002: A decomposition analysis and comparison of results using the Arithmetic Mean Divisia Index and Logarithmic Mean Divisia Index techniques [J]. Energy, 2008, 33 (3): 492-499

[150] Shrestha R M, Timilsina G R. Factors Affecting CO_2 Intensities of Power Sector in Asia: A Divisia Decomposition Analysis [J]. Energy Economics, 1996, 18 (4): 283-293.

[151] Wu L, Kaneko S, Matsuoka S. Dynamics of energy-related CO_2 emissions in China during 1980 to 2002: The relative importance of energy supply-side and demand-side effects [J]. Energy Policy, 2006, 34: 3549-3572.

[152] Wang C, Chen J, Zou J. Decomposition of energy-related CO_2 emissions in China: 1957—2000 [J]. Energy, 2005, 30: 73-80.

[153] Liu L C, Fan Y, Wei Y M. Using LMDI method to analyze the change of China's industrial CO2 emissions from final fuel use: An empirical analysis [J]. Energy Policy, 2007, 35: 5892-5900.

[154] TianY H, Zhu Q H, Geng Y. An analysis of energy-related greenhouse gas emissions in the Chinese iron and steel industry [J]. Energy Policy, 2013, 56: 352-361.

[155] Zhang B, Wang Z H, Yin J H, Su L X. CO_2 emission reduction within Chinese iron & steel industry: practices, determinants and

performance [J]. Journal of Cleaner Production , 2012, 33: 167-178.

[156] Ang B W. Decomposition analysis for policymaking in energy: Which is preferred method [J]. Energy Policy, 2004, 32 (9): 1131-1139.

[157] Bacon R, Soma B. Growth and CO_2 Emissions: How Do Different Countries Fare [J]. Environment Department, 2007: 113.

[158] IPCC. IPCC guidelines for national greenhouse gas inventories. In: Eggleston HS, Buendia L, Miwa K, Ngara T, Tanabe K, editors. Prepared by the national greenhouse gas inventories programme [R]. Japan: IGES, 2006.

[159] Hondroyiannis G. Estimating residential demand for electricity in Greece [J]. Energy Economics, 2004, 26 (3): 319-334.

[160] Song M L, An Q X, Zhang W, Wang Z Y, Wu J. Environmental efficiency evaluation based on data envelopment analysis: A review [J]. Renewable and Sustainable Energy Reviews, 2012, 16 (7): 4465-4469.

[161] Clara I P M, Semida S. Analysis of energy use and CO_2 emission in service industries: Evidence from Sweden [J]. Renewable and Sustainable Energy Reviews, 2012, 16 (7): 5285-5294.

[162] GuoX D, Zhu L, Fan Y, Xie B C. Evaluation of potential reductions in carbon emissions in Chinese provinces based on environmental DEA [J]. Energy Policy, 2011, 39 (5): 2352-2360.

[163] Choi Y, Zhang N, Zhou P. Efficiency and abatement costs of energy-related CO_2 emissions in China: A slacks-based efficiency measure [J]. Applied Energy, 2012, 98: 198-208.

[164] BianY W, He P, Xu H. Estimation of potential energy saving and carbon dioxide emission reduction in China based on an extended non-radial DEA approach [J]. Energy Policy, 2013, 63: 962-971.

[165] Dong F, Li X H, Long RY, Liu X Y. Regional carbon emission

performance in China according to a stochastic frontier model [J]. Renewable and Sustainable Energy Reviews, 2013, 28: 525-530.

[166] Wang Q W, Zhou P, Shen N, Wang S S. Measuring carbon dioxide emission performance in Chinese provinces: A parametric approach [J]. Renewable and Sustainable Energy Reviews, 2013, 21: 324-330.

[167] Lin B. Q, Wang X L. Carbon emissions from energy intensive industry in China: Evidence from the iron & steel industry [J]. Renewable & Sustainable Energy Review, 2015, 47: 746-754.

[168] DuK R, Huang L, Yu K. Sources of the potential CO^2 emission reduction in China: A nonparametric metafrontier approach [J]. Applied Energy, 2014, 115: 491-451.

[169] Fare R, Grosskopf S, Lovell C A K. Pasurka C. Multilateral productivity comparisons when some outputs are undesirable: a non parametric approach [J]. The Review of Economics and Statistics, 1989, 71 (1): 90-98.

[170] Ürge-Vorsatz D, Novikova A. Potentials and costs of carbon dioxide mitigation in the world's buildings [J]. Energy Policy, 2008, 36 (2): 642-661.

[171] Fare R, Grosskopf S, Noh D W. Characteristics of a polluting technology: theory and practice [J]. Journal of Economics, 2005, 126 (2): 469-492.

[172] Zhang B, Wang Z H. Inter-firm collaborations on carbon emission reduction within industrial chains in China: practices, drivers and effects on firms' performances [J]. Energy Economics, 2014, 42: 115-131.